快递与合规

中国快递企业合规管理指南

主 编／史 源 吴丽丽

副主编／张国华 钟云帆 祝 睿

EXPRESS DELIVERY

—— AND ——

COMPLIANCE

浙江工商大学出版社
Zhejiang Gongshang University Press

·杭州·

图书在版编目(CIP)数据

快递与合规 ：中国快递企业合规管理指南 / 史源，
吴丽丽主编 . — 杭州 ：浙江工商大学出版社 ，2020.7（2022.10 重印）
ISBN 978-7-5178-3955-2

Ⅰ．①快… Ⅱ．①史… ②吴… Ⅲ．①邮件投递－邮
电企业－企业管理－中国－指南 Ⅳ．① F632-62

中国版本图书馆 CIP 数据核字 (2020) 第 121524 号

快递与合规——中国快递企业合规管理指南
KUAIDI YU HEGUI——ZHONGGUO KUAIDI QIYE HEGUI GUANLI ZHINAN

主　编　史　源　吴丽丽
副主编　张国华　钟云帆　祝　睿

责任编辑	徐　凌
责任校对	黄拉拉
封面设计	王　辉
责任印制	包建辉
出版发行	浙江工商大学出版社
	（杭州市教工路 198 号　邮政编码 310012）
	（E-mail：zjgsupress@163.com）
	（网址：http://www.zjgsupress.com）
	电话：0571-88904980，88831806（传真）
排　版	杭州彩地电脑图文有限公司
印　刷	杭州高腾印务有限公司
开　本	710mm×1000mm　1/16
印　张	17.25
字　数	221 千
版印次	2020 年 7 月第 1 版　2022 年 10 月第 3 次印刷
书　号	ISBN 978-7-5178-3955-2
定　价	58.00 元

本书编辑委员会 ————————

序　一

改革开放以来，中国快递业持续快速发展，从 1980 年中国邮政开办国际邮政特快专递业务开启了快递业先河，到 20 世纪 80 年代后期快递业市场放开，再到近年来快递业的蓬勃发展，其步伐之快、成就之大，举世瞩目。

浙江省是中国民营快递之乡。近年来，在国家邮政局和浙江省委、省政府的重视和支持下，浙江省快递市场规模迅速扩大，快递业支撑带动作用愈加明显，在经济社会发展中的作用和地位日益重要，在浙江大地上继续谱写着"八八战略"的快递业新篇章。

但在看到成绩的同时，我们也要清醒地认识到，快递业大而不强、大而不优的业情尚未改变，行业发展和治理体系能力不平衡等短板弱项依然存在，尤其是企业合规治理能力仍有待提高。合规管理是企业的"软实力"，可以提升企业的抗风险能力和竞争力。2018 年 5 月 1 日实施的《快递暂行条例》，是全球为数不多的全方位调整快递法律关系的专门法，让快递业进入了合规发展、健康发展的新阶段。

《快递与合规》一书针对快递行业发展特点阐述行业合规管理，可以成为快递企业管理的参考书。本书的顺利出版发行对快递业而言是一件可喜可贺的事情，相信本书的出版一定能对快递业的高质量发展起到积极作用！

浙江省邮政管理局

2020 年 7 月 3 日

序 二

　　接到吴丽丽律师让我给本书写序的要求，我很高兴。我在快递行业工作了十多年，有幸经历了快递行业的野蛮成长期和高速发展期，即将迎来快递行业的人工智能和大数据时代。

　　说到本书的主要内容，不得不简单地回顾一下快递行业的发展历程，这个行业是在改革开放的大时代背景下孕育而生的。1978年改革开放以来，国际贸易往来频繁，20世纪80年代初，DHL、TNT、FedEx等快递巨头纷纷进入中国快递市场，从事国际快递业务。中国邮政于1980年开办了国际邮政特快专递业务，1984年开通了国内特快专递业务，1985年专门成立了经营国内、国际快递业务的中国速递服务公司。1993年，中国两家民营快递企业——顺丰快递、申通快递分别在珠三角、长三角成立。1994年，宅急送在北京成立。随后，天天快递、圆通快递、申通快递、汇通快递、韵达快递等一大批快递公司先后成立，大大缓解了中国邮政速递的压力，有力地支持了中国电商企业的快速发展，满足了国内外企业对快递服务的需求，2000年到2019年，国内快递业务及包裹量从1.1亿件到630亿件，实现了近600倍的增长，2019年全国快递收入达到了7450亿元人民币，中国快递业务已连续多年稳居世界第一。

　　在近20多年的发展历程中，中国快递的市场覆盖区域也从单一城市到区域城市群再向全国各省、市、县、乡镇全面铺开，逐步走向国际市场，国内快速市场逐步形成了以沪、杭为中心的长三角快递经济圈，广、深为中心的珠三角快递经济圈，以京、津、冀、辽为中心的环渤海湾快递经济圈及以福州、厦门为中心的台湾海峡快递经济圈,拉动全国向中部和西部地区发展。在中国,快递企业中也逐步形成了国有、民营、外资企业的分布格局,截至 2018 年全部快递与包裹市场占有比重分别为 12.3%、86.2%、1.5%,业务收入占比分别为 11%、83.6%、5.4%,在管理模式上形成了直营和加盟两种模式,2018 年底快递行业从业人员已突破 300 万人,快递行业成了中国经济的一匹黑马。

1985 年中国速递服务公司成立后,尤其是 1993 年民营快递企业顺丰、申通的诞生及其他民营快递企业相继成立后,我国的快递行业蓬勃发展,民营快递企业呼吁立法,期望公平竞争,有序竞争。国家先后出台了《中华人民共和国邮政法》《快递业务经营许可管理办法》《快递暂行条例》等一批法律、法规,并随着快递业务的高速发展进行了多次修改,为快递行业提供法律保障和有力支持。

客户需要更好的服务,对于快递企业而言,市场竞争在所难免,但竞争的前提是企业合法、合规经营。本书在国家相关的法律、法规框架下,结合快递企业经营实际,为快递企业构建合规管理体系提供了有效指导。快递企业在经营过程中会出现很多具体问题,感谢本书编者付出的努力,让我们在企业经营的路上少走弯路。相信沿着合规管理的道路发展,中国快递行业的明天会更好!

浙江省快递行业协会副理事长兼秘书长

2020 年 6 月 28 日于杭州

前　言

　　"合规"这一概念作为一种舶来品，不仅是指企业主动遵守法律、法规及国际规则等合规义务，还是立法和执法监督部门采用的一种有效的立法与监管手段。企业合规管理体系属于管理体系的一种，如何将合规管理体系融入快递业务且有效落地，离不开具体人员的推动和执行。

　　因企业外部环境的变化，导致企业发生合规风险，从而促使企业建立合规体系，防范此类风险，此即合规管理的外部驱动；因企业员工的行为或企业制度缺陷导致企业发生合规风险，企业需要建立相应制度，以防止类似风险，此即合规管理的内部驱动。随着合规理念在企业管理制度中的深化，企业合规管理与业务管理、财务管理共同构成了企业现代管理的内容之一。企业构建完善的合规管理制度，最核心的出发点是企业效益本身。从企业的长远规划和发展考虑，一套行之有效的企业合规管理制度能避免控制范围内的风险，进而降低企业经营成本。

　　20世纪80年代初，在经济体制改革与对外开放政策的背景下，为满足人民群众在政治、经济、文化、社会等方面日益增长的需要，我国快递企业进入起步发展阶段。全球发展经验表明，快递业务能够关联生产、消费、投资、金融等多个领域，是现代社会不可替代的基础产业。经过改革开放的快速发展，中国快递行业已成为能够促进国民经济增长、创造社会就业、促进产业结构升级的新兴现代服务业。近年来，在电子商务爆发式增长的带动下，快递行业在快速发展的同时，也不断地暴露出一些问题，有些问题甚至严重影响快递行业的健康发展，在此背景下，快递行业合规体系建设就显得尤为重要，合规是行业可持续发展的基石。

努力为客户寻求法律问题的最佳解决之道，是金道律师的执业理念。金道律师在为快递企业提供法律服务的同时，对快递企业普遍存在的合规问题进行了阶段性梳理。我相信，随着我们和快递行业的共同成长，后续本书的修订版本也会更加丰富和深刻。我们希望本书能够为快递企业的管理者提供有益的参考，同时期待读者的指正，并与读者共同提高。

金道律师事务所管理合伙人

2020 年 5 月 26 日于杭州

目 录
Contents

第三章
快递企业劳动用工合规

第四章
快递企业行政合规

第五章
快递企业刑事合规

第一章

快递与合规概述

第一节　什么是合规

"合规"这一概念作为一个舶来品，是从英语"compliance"翻译而来的，其意为顺从、服从，早期也被译为"法规的遵守"。"合规"概念的提出可以追溯至20世纪30年代美国金融危机时期，当时主要被用于银行业与证券业等金融机构的内部监管，以期在防范金融风险的同时尽可能地保障金融效率。1977年，美国国会通过了著名的《反海外腐败法》，虽然该法律主要规制美国公司向外国政府公职人员行贿，但在该法的大力执行过程中，特别是在美国联邦量刑委员会于1991年将企业合规编入《联邦量刑指南》，并在企业犯罪调查认定及量刑时作为考量依据后，合规就不单纯属于企业治理的一种方式，而更属于一种刑法激励机制。[①]

在我国，最早与"合规"直接相关的文件是1992年1月6日审计署发布的《关于对金融机构贷款合规性审计的意见》。该意见旨在通过对贷款合规性审计，审查贷款管理与发放过程中存在的漏洞与问题，重点审计贷款的发放是否突破计划规模。显然，与着眼于企业内部治理、防范商业贿赂的西方式"合规"不同，这是计划经济时代我国对"合规"的一种政策性解读。

随着社会主义市场经济的建立和逐步完善，我国企业的合规制度逐渐

①陈瑞华：《企业合规制度的三个维度——比较法视野下的分析》，《比较法研究》2019年第3期。

从金融行业扩大至央企甚至所有企业，并开始真正与世界接轨，展示出其独特的制度价值。2017年12月29日，中国标准化管理委员会发布了ISO 19600《合规管理体系指南》（GB/T 35770—2017）；2018年11月2日，国资委下发《关于印发〈中央企业合规管理指引（试行）〉的通知》（国资发法规〔2018〕106号）；同年12月，国家发改委、外交部、国资委、人民银行等多个部门联合印发《企业境外经营合规管理指引》，这些文件都对我国法律体系下的"合规"作了解读，并要求组织或企业遵守国际条约、法律法规、监管规定、行业准则和企业章程等。近年来，在全面推进依法治国的大背景下，以及"一带一路"建设的客观需要，一场自上而下推动中国企业合规管理的时代已悄然而至。

第二节　合规管理的提出和发展

一、从"小合规"到"大合规"

从企业合规的发展历程看，企业合规最初是为了规制企业商业贿赂犯罪而产生的，也有人称之为狭义的"小合规"。这一意义上的合规管理旨在构建事先预防措施机制，减少企业员工尤其是企业高管的个人违法犯罪对企业整体的负面影响。近几十年来，其范围逐渐扩张至反垄断、反不正当竞争、反商业欺诈、数据保护等各个领域，并逐渐发展出企业"合规管理"的理念，即广义的"大合规"。随着合规理念在企业管理制度中的深化，企业合规管理发展与业务管理、财务管理共同构成的企业现代管理的内容之一。

我国的企业合规管理尚处于初步发展阶段，但随着国内企业越来越多地走出国门，接轨国际，企业合规管理逐渐被纳入顶层制度设计的考虑。近年来中国出台的（现行有效的）相关企业合规管理规范性文件汇总如表1-1：

表1-1 我国现行企业合规管理规范性文件

编号	文件名称	发布时间	合规对象	合规内容
1	关于对金融机构贷款合规性审计的意见	1992-01-06	金融机构	信贷计划的执行
2	商业银行合规风险管理指引	2006-10-20	商业银行	商业银行经营活动
3	贸易政策合规工作实施办法（试行）	2014-12-12	规章及以下的贸易政策	贸易政策符合《世界贸易组织协定》及其附件和后续协定、《中华人民共和国加入议定书》和《中国加入工作组报告书》
4	税收政策合规工作实施办法（试行）	2015-10-10	税收政策	符合世界贸易组织规则
5	保险公司合规管理办法	2016-12-30	保险公司	保险公司及其保险从业人员的保险经营管理行为
6	证券公司和证券投资基金管理公司合规管理办法	2017-06-06	证券行业	符合法律、法规、规章及规范性文件、行业规范和自律规则、公司内部规章制度及行业普遍遵守的职业道德和行为准则
7	中央企业合规管理指引（试行）	2018-11-02	央企及其员工	符合法律法规、监管规定、行业准则和企业章程、规章制度以及国际条约、规则等
8	企业境外经营合规管理指引	2018-12-26	"走出去"相关业务的中国企业	符合有关法律法规、国际条约、监管规定、行业准则、商业惯例、道德规范和企业依法制定的章程及规章制度等

可见，我国企业合规管理制度的建立并未遵循国外反商业贿赂的制度路径，而是一种国际化背景下自上而下的内部管理体制革新，以适应企业的现代化发展和国际化发展。在这一背景下，企业需要完善相应制度来契合企业的发展与经营，确保经营过程合法合规，符合商业道德。由此可见，我国的企业合规管理范围更广泛，要求更严格，意义也更深远。

二、企业合规管理的要素内容

无论是西方国家的法律规定，还是各项国际公约或国内的法律规范，企业合规管理的要素内容基本大同小异。纵观域外立法例，企业合规管理一般包括以下要素：（1）明确的道德规范及行为准则；（2）预防制度及措施；（3）企业高管的参与；（4）合规职位的设置及人员的配置；（5）合规培训计划；（6）违法行为举报制度；（7）惩戒措施；（8）奖励措施；（9）动态监控和审计；（10）评估机制和完善措施。

《中央企业合规管理指引（试行）》规定，"合规管理"是为了有效防控合规风险，从合规设计、风险识别、合规审查等多个角度开展针对企业经营及人员管理的各项活动。《企业境外经营合规管理指引》则要求在决策、管理、执行三个层级建立权责清晰的合规治理结构，具体包括构建合规行为准则、制定合规管理办法、合规培训、汇报、考核及合规风险识别、评估与处置等内容。从上述规定可以梳理出一项完整的合规管理计划，其通常囊括五个体系：一是商业行为准则；二是合规组织体系；三是防范体系；四是监控体系；五是应对体系。[①]在此基础上可构建具体的合规管理体系，流程详见图1-1：

[①]陈瑞华：《企业合规制度的三个维度——比较法视野下的分析》，《比较法研究》2019年第3期。

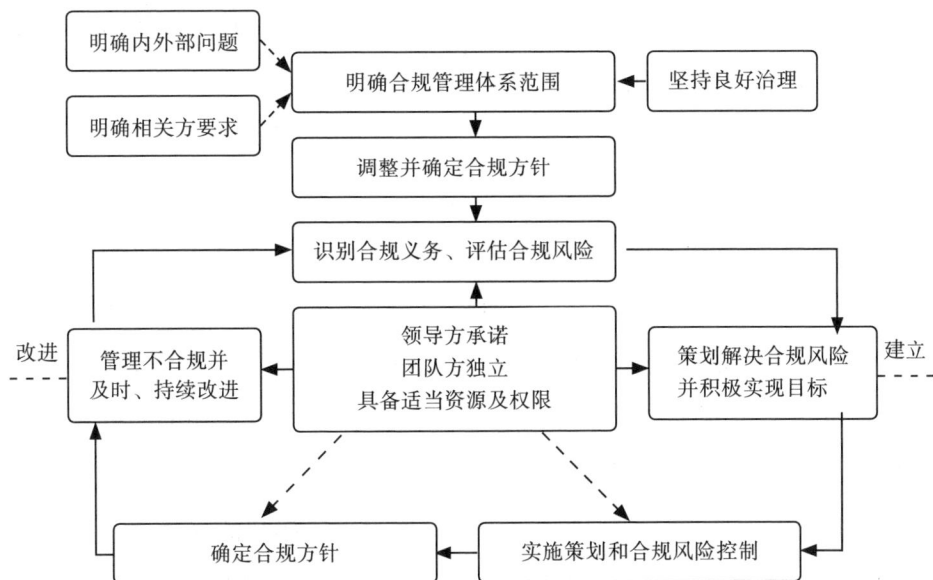

图1-1 合规管理体系流程图

三、企业合规管理的价值

企业构建完善的合规管理制度，最核心的出发点可能是企业效益本身。从企业长远规划和发展考虑，一套行之有效的企业合规管理制度能大幅度减少违约情况，进而降低企业经营成本，也为未来企业的壮大甚至参与涉外经贸提供可持续发展的制度基础。有研究指出，企业必要的合规管理的投入能为企业带来相对可观的合规收益。[①]

我们可以通过两个案例予以充分说明。

第一个案例为英国的SG案。本案中SG公司是一家为建筑工程和基础设施工程提供专业服务的英国供应商，其名下子公司Cyril Sweett International Limited为了与Al Ain Ahlia Insurance Company（以下简称AAAIC公司）达成一份标的高达6300万英镑的工程管理和造价咨询合同，与AAAIC公司的另一家兄弟公司签订了虚假的咨询协议，借此作为AAAIC公司高管Khaled

---

① 黄胜忠、江艳：《企业合规管理的成本与收益分析》，《财会月刊》2019年第21期。

Al Badie的个人报酬。经审查，英国法院最终认定SG公司内部不存在有效的合规管理制度，其行为符合商业组织不履行预防贿赂罪的构成要件，根据《2010年贿赂罪法》判处支付235万英镑，这一罚金远远超过了SG公司在该项目中的收益。

第二个典型案例为西门子贿赂案。2006年11月，德国慕尼黑检察机关对10年前西门子公司与意大利国有电信公司的一起交易进行了司法调查，西门子公司在这起交易中涉嫌商业行贿。西门子公司为实现该交易，将大约670万美元打入一个位于波多黎各的壳公司账户，该壳公司的所有者及受益人正是意大利通信及电信部监察主管。因西门子公司同时也是华尔街的一家上市公司，案发后西门子公司主动向美国司法部和证券交易委员会披露了大量针对其他公司的贿赂案件，并积极委托外部专业机构进行独立调查。这些独立调查报告最终被司法机关接受，西门子得以尽快结束法律诉讼程序，并首次因为积极合作而被减少了罚款。

在西方国家，与上述企业合规管理类似的案例非常多，可见企业合规管理在大型跨国企业中的重要作用。当然，我们也应该认识到，国外公司特别是跨国公司之所以煞费苦心地构建企业合规管理制度，核心在于企业刑事责任在西方国家的二元模式转变：从企业刑事责任的一元模式到个人刑事责任与企业刑事责任的二元区分。[1]而不管是美国的《反海外腐败法》、英国的《2010年贿赂罪法》，还是西方国家的其他合规制度，都表明完善的企业合规管理有助于减轻企业刑事责任。

在企业合规管理的中国化和本土化中，企业合规还有广阔的发展前景和潜力。我们不仅要认识到企业合规深厚的法理基础，也要立足于我国的法律制度和实践，以企业合规管理为突破口，完善企业的现代化治理。随

---

[1]周振杰：《企业刑事责任二元模式研究》，《环球法律评论》2015年第6期。

着国内对企业合规的日益重视，以及相应配套法律制度的逐步完善，企业合规的功能和价值将进一步彰显。因此，逐步构建适用于当下中国企业的比较完整的合规化体系，就变得尤为重要。①

第三节　中国快递行业的出现及未来发展趋势

相比于西方国家，中国的快递行业是伴随着改革开放发展起来的新型行业，起步相对较晚。20世纪80年代初，在经济体制改革与对外开放政策的背景下，为满足对外贸易中对商务文件、银行票据和小件包裹等进行快速传递的需要，我国快递行业应运而生，并经历了国有垄断经营、民营"井喷式"兴起和外资进入我国市场三个主要阶段。②近年来，随着电商网购的爆发式增长，快递行业的发展又进入了一个新阶段。

中国引入快递业的标志是1976年6月中国对外贸易运输总公司（以下简称"中外运公司"）与日本海外新闻普及株式会社签订了我国第一份快件代理协议。随后国外资本纷纷涌入，国际快递巨头相继与中外运公司达成代理协议。20世纪80年代是社会资源市场化配置的窗口期，生产力的快速更迭、社会经济结构的快速转变都倒逼着商品配套制度的重构。自交通部提出"有河大家走船，有路大家走车"的改革方针后，中国物流产业的大踏步发展就此拉开帷幕。1980年7月15日，中国邮政正式开办国际邮政特快

---

① 杨力：《中国企业合规的风险点、变化曲线与挑战应对》，《政法论丛》2017年第2期。
② 李彦甫：《我国快递行业发展综合研究》，《物流工程与管理》2019年第3期。

专递业务（EMS），开创了属于中国自己的快递行业，并于1984年4月开通国内特快专递业务，于1985年12月成立了专业从事快递业务的中国速递服务公司。这一时期基本由国有企业垄断经营快递业务，中国速递服务公司基本是国际和国内两大快递市场的唯一经营者。

随着改革开放的深入，快递业国营垄断的弊端日益凸显。20世纪90年代以顺丰和申通为代表的民营快递公司开始展示出强大的市场生命力。彼时EMS存在市场意识薄弱、技术落后、服务水平低、组织结构不合理等诸多问题，[1]民营快递企业借助其敏锐的市场嗅觉及高质量服务，在短时间内异军突起。时至今日，以"四通一达"（申通快递、圆通快递、中通快递、百世汇通和韵达快递）和顺丰为代表的民营快递企业已成为中国快递行业的核心力量，约占国内快递行业市场份额的90%。近年来，随着淘宝业务量的飙升，传统商务快递公司逐渐转型为电商供应商，无论是行业规模还是服务质量都得到了进一步提升。

2001年，中国加入世界贸易组织（WTO），标志着中国的产业对外开放进入了一个全新的阶段。虽然以DHL为代表的外资快递企业早在20世纪80年代就进入了中国市场，但直到2005年，中国才完全开放外资在国内经营国际快递业务的限制。此后，DHL、FedEx、UPS、TNT这四大国际快递巨头纷纷加快了在我国市场的布局，终止了与中外运公司等国内企业的合作，掀起了外资兼并收购我国国内企业的浪潮，独资倾向明显。[2]一个显著的结果是，到2006年，四大国际快递巨头已控制了中国国际快递市场70%的份额（非邮企业约占80%的市场份额），[3]2018年，外资快递企业在中国

---

① 闫宏伟：《中国邮政EMS存在的问题及发展对策》，《北方经济》2005年第4期。
② 国家发改委、商务部、中国物流与采购联合会2006年重点研究课题课题组：《外资进入中国物流业的影响及其政策建议》，《中国物流与采购》2007年第4期。
③ 商务部研究院课题组：《中国快递市场发展研究报告》，《经济研究参考》，2006年第34期。

国际快递市场上的业务量占比仍高达68.5%，收入占比为55.7%，仍牢牢占据主导地位。[1]然而，在国内快递市场，由于国家邮政局的业务许可准入限制，国际快递公司迟迟未能取得国内快递经营牌照，也无法投资经营信件的国内快递业务，加上价格竞争上的劣势，[2]这些国际快递巨头出现了"水土不服"的现象，市场份额逐年萎缩。

总之，从国内快递业务视角看，国内快递市场份额主要被"四通一达"及顺丰等几家民营快递企业占据。其中，在细分市场中，顺丰在商务快递领域占据主导地位，EMS凭借国企背景和特殊社会需求，在专营信件、政府公文等领域形成垄断。从国际快递业务视角看，大型跨国快递企业占据垄断地位。根据国家邮政局发布的《2019年邮政行业发展统计公报》，2019年度快递服务企业业务量完成635.2亿件，同比增长25.3%；快递业务收入完成7497.8亿元，同比增长24.2%。国有、民营、外资企业业务量占全部快递与包裹市场比重分别为10.8%、88.8%、0.4%，国有、民营、外资企业业务收入占全部快递与包裹市场比重分别为9.8%、85.3%、4.9%。

回顾我国快递行业发展史，我国国内的快递业历来是利润率较低、商业模式不断演变的一个行业。快递行业的变迁史与社会消费的变迁史基本趋向一致。

近年来，随着电商行业的突飞猛进，快递行业也成了电商行业发展和变迁的一个缩影，电商与快递两者增长具有基本一致的趋势。[3]事实上，电商的发展也离不开快递业的发展，快递行业已逐渐融入电商产业的供应

---

[1] 《〈2018年邮政行业发展统计公告〉：我国国际快递市场规模体量仍较小》，中研网，http://www.chinairn.com/hyzx/20190604/110947815.shtml，2019年6月4日。
[2] 王品辉、龚里：《中国快递业未来趋势报告》，《广东交通》2016年第4期。
[3] 孙学琴、王宝义：《中国电商与快递协同发展的影响因素及未来趋势》，《中国流通经济》2015年第7期。

链中，并成为其重要的一部分。例如，国务院办公厅于2018年1月份发布的《关于推进电子商务与快递物流协同发展的意见》（国办发〔2018〕1号）便立足于"互联网＋流通"，在快递物流基础设施、电子商务配送通行管理、强化标准化智能化、发展绿色生态链等多个角度提出推进电子商务与快递物流协同发展的意见。因此，我们应当在电子商务高速发展的大背景下讨论中国快递行业未来发展趋势，并放眼物流新技术、新模式、新领域的发展，从制度完善、合规管理等多个角度为我国快递业的发展保驾护航。

一、竞争主体集中度渐高，与电商深入融合发展

2018年，我国快递企业总业务收入累计超过人民币6000亿元，同比增长21.8%，仍保持高速增长，其中以"四通一达"及顺丰为首的民营企业占据主导；国有快递企业虽在专营信件、政府公文等领域形成垄断，但发展空间较小；外资快递企业业务量的份额连续几年都不乐观。一方面，快递行业规模不断扩大；另一方面，经过各大快递企业几年的混战，我国快递行业已基本形成以大型民营快递企业为龙头的格局，并有从龙头局面向寡头局面发展的趋势。

中国快递发展指数[①]是对某个时期中国快递发展程度的量化评价，可以全面反映行业发展水平。快递与包裹服务品牌集中度指数（CR8）[②]是对整个快递行业市场结构集中程度的测量指标，能最直观地反映快递行业竞争主体的

①中国快递发展指数是基于中国快递发展的基本特征、规律，对一定时期中国快递发展程度的量化评价，采用指数评价方法，以2016年3月为基期，基期值设定为100，通过标准值实现数据的无量纲化，通过加权合成中国快递发展指数。该指标体系可以全面反映行业发展水平，体现行业运行变化，昭示行业未来发展态势。
②快递与包裹服务品牌集中度指数（CR8）是指快递行业的相关市场内前8家最大的企业所占市场份额的总和，是对整个行业的市场结构集中程度的测量指标，用来衡量企业的数目和相对规模的差异，是市场势力的重要量化指标。快递行业CR8指顺丰、圆通、中通、申通、百世、韵达、京东、德邦等8家快递企业。

分布情况。笔者通过中国国家邮政局官网整理了近两年中国快递发展指数及高时间密度的CR8值，如图1-2、图1-3所示。不难发现，在整个快递行业发展态势猛烈的背景下，快递与包裹服务品牌集中度指数处于逐年上升阶段，CR8的8家企业市场份额几乎每月都会有不同程度的提升，行业集中度进一步提高。这同时也给我们提供了一个信息：龙头企业的发展势头强劲，竞争异常激烈。

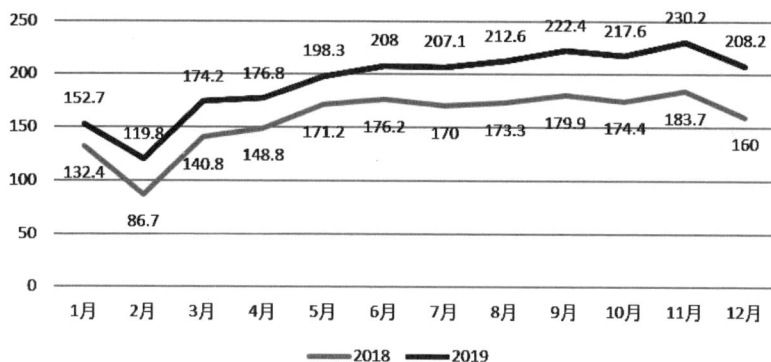

图1-2　中国快递发展指数对比情况

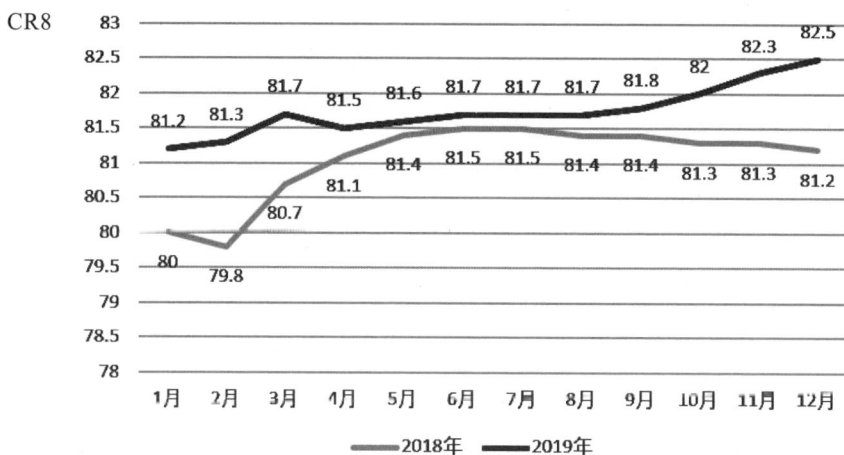

图1-3　快递与包裹服务品牌集中指数（CR8）

（数据来源：中国国家邮政局官网）

与此同时，电商依旧是当前快递行业最核心的业务来源，上游的电商平台通过整合供应链、强化自有平台的物流信息数据控制权等形式，下沉到快递企业并与之深入融合，已然成为快递行业增长的重要驱动力。例如，2018年5月29日，阿里巴巴、菜鸟网络和中通快递达成高达13.8亿美元的战略投资协议，开展全方位合作；2019年3月11日，阿里巴巴投资46.6亿元人民币入股申通快递；菜鸟物流通过整合快递物流资源和大数据驱动，打造了一个开放的社会化物流大平台。随着"大数据"作用的日益凸显，无论是传统的大型电商平台还是新晋的电商平台，都会在大数据分享领域与快递行业开展更为深入的交融合作。

二、自建物流优势凸显，物流配送进一步优化

从自建物流走入大众视野开始，在快递业的舞台上，第三方物流和自建物流的优劣总是被比较着。相较于第三方外包式快递物流，自建物流是典型的重资产物流服务模式，以仓储设施作为物流服务网络的节点，自行提供末端配送及售后服务，优势在于对物流资源的统一规划及调配。以京东的自建物流为例，京东自建物流在2020年新冠病毒疫情期间的物资调配中发挥了重要作用。2020年1月上旬，通过大数据监测研判，京东开始增加口罩等物资储备，随疫情发展成立多级联动小组，通过位于武汉的"亚洲一号"智能物流中心、全国650多个仓库密切配合，实现物资快速调配；依托覆盖三至六线的低线城市物流配送体系，整合各方面运输能力和配送能力，迅速筹措物资并运输到位。多年积累的全供应链服务能力和技术能力能够快速响应各类需求，通过大数据监控、备货，再到货物调配、运送等，各个环节形成了完整顺畅的闭环，同时较为灵活的组织体系保证了在突发事件当中决策的灵活和顺畅。京东自建物流在这场战"疫"中上演了一场"生死时速"，开通了全国各地驰援武汉救援物资的特别通道。

除大型企业的自建物流外，供应链的整合完善也带来实体配送网络的变化。例如，在未来的电子商务环境下，物流管理将以时间为基础，货物流转更快，制造业实现零库存，而仓库又为第三方物流企业所经营，这些都进一步减少了保管仓库，而流通仓库将发展为配送中心。[①]国办发〔2018〕1号《意见》也强调要保障电子商务快递物流基础设施建设用地，鼓励推动电子商务园区与快递物流园区发展。在可见的将来，随着越来越多的电商企业将电子商务业务中的仓储和配送环节交由第三方管理，电子商务快递物流网络的搭建将得到进一步完善，快递物流企业的专业服务能力也将进一步提升。

三、地域覆盖面扩大，快递服务向村一级延伸

具有一定市场规模和影响力的快递企业，大都集中于北、上、广及东部沿海地区，并逐渐向以武汉和成都为代表的内地中心城市扩展，即东部地区是各快递企业竞争的主战场。东部市场开发程度较高，故快递行业发展相对成熟。目前，中部快递市场正在持续扩展，发展速度不比东部地区慢，后续将会持续发力，或将成为一段时间内快递商家角逐的核心战场。另外，西部快递行业其实也处在增长态势，只是增速不及东部和中部地区，但整体上看，快递行业地域上覆盖面正在由东向西逐步扩大。

与城市相比，农村的经济发展水平总体偏低，农村的快递业务发展相对缓慢。但近年来，随着"快递下乡"等工程的推进，快递企业与传统农业有机结合，展露出极大的发展潜力。截至2018年，全国共建成村邮站17.8万个、"邮乐购"站点61万个，基本覆盖了行政村；邮政业年服务用户的数量已经超过1000亿人次，支撑网络购物交易规模突破了7万亿元，带动农产品进城和工业品下乡超过7000亿元，每年新增的社会就业岗位超过

---

①程继：《供应链管理下物流配送方案优化》，《中国市场》2014年第18期。

20万个。以"无人机技术"为代表的新科技作为快递配送也有望促进快递行业的延伸发展，成为解决"最后一公里"配送效率问题的利器。目前，顺丰、京东等着眼于新兴技术的企业，都开始尝试在通信环境和安全条件较好的农村开展无人机快递试点，为智能化运输积累了不少经验。

四、信息化、智能化的加速运用

在物联网、区块链、5G、人工智能、大数据等高新技术日益发展成熟的今天，快递物流业也面临着技术的不断更新迭代，衍生出智能化分拨中心、电子运单、无人仓、无人机等一系列高新技术配备。例如，菜鸟公司于2019年1月启动了首个物联网（IoT）机器人分拨中心，大幅提高了分单的准确率和效率；又如，2017年菜鸟公司全面推广电子面单，2019年拼多多也开放了电子面单的应用，不仅推动了行业的绿色发展，也促进了信息共享与隐私保护；再如，大数据分析下的"库存前置"，通过智能算法分析出每个地区所需的产品，并提前建立前置仓，随时更新数据，让最畅销的商品能在第一时间运输，提高快递运行的效率。此外，基于5G技术的智能机器人应用、基于人工智能的载配资源优化和信息同化、基于绿色理念的减量包装和循环利用技术等，都加速了信息化、智能化在快递行业的运用。

五、新零售下的"同城配送"业务发展

随着"90后""00后"逐渐成为市场的消费主力军，传统的消费观念面临革新，对生活品质与高质量服务的追求催生了"新零售"，而这也带动了快递服务理念的变化，其中一个典型表现就是"To C"商业模式催生了同城即时配送市场。可以说，同城即时配送领域的拓展有助于打通新零售线上线下结合的通道，帮助快递企业抢占新兴市场的版图，形成规模效应。目前，餐饮配送、区域小件配送、新零售类的从门店向社区配送、区

域内门店货物调拨均采用即时配送服务；部分快递企业和电子商务平台，也发展即时配送与自身平台的智慧物流大系统对接，提高配送时效。①例如，顺丰推出了"即刻送"服务，韵达推出了"云配送"服务。虽然快递企业也将面临与传统同城配送服务企业及苏宁、京东等自建物流的电商企业的竞争，但在新零售的发展趋势下，"同城配送"将成为快递企业的新领域。

第四节　快递行业合规管理的重要性

快递业在服务经济社会发展和改善民生中发挥着不可替代的重要作用，已然成了关乎国计民生的"基础设施"，但我们也应该清醒地看到，快递业大而不强、大而不优、经营粗放的业情依然存在，企业治理能力尤其是合规管理能力需要进一步提高，快递企业要实现高质量发展，合规管理至关重要。2018年5月1日实施的《快递暂行条例》，从国务院行政法规的高度宣告快递业全面转向高质量发展阶段。

一、合规是快递行业可持续发展的基石

随着快递业的高速发展，快递企业要做大做优，迫切需要防范合规风险及强化企业内部控制，发展必须是科学的发展、稳健的发展、持续的发

①王继祥：《盘点：一文读懂中国电商物流的4大商业模式》，https://new.qq.com/omn/20190127/20190127A0Y4G3.html，2019年1月27日。

展，否则今天的"发展"，可能是明天的包袱，部分快递企业抗风险能力差，一旦因不合规发生问题，就可能给企业带来较大的经济损失。由于快递和客户链接面广，还有可能造成不良的社会影响。强化合规理念，重视合规管理，将有效助力快递行业在市场和行业转型的浪潮中持续稳定健康发展。

二、合规是快递企业高质量发展的推动力

随着快递业务量井喷式增长，快递行业的竞争也呈现白热化状态，部分快递企业为争抢客户直接打起价格战，严峻的市场竞争环境下，企业经营优化势在必行，各大快递企业正积极谋求高质量发展路径，合规可以抵挡风险、化解危机，通过合规管理，可以规范企业经营管理流程，拉长板、补短板，推动快递企业实现高质量发展。

三、合规是快递企业参与市场竞争的软实力

合规创造价值已成为全球企业发展的共识，并逐渐被越来越多国家政府接受，合规体系的建设不仅可以帮助企业提升管理能力和效率，节省管理成本，创造良好信誉和形象，还能为企业带来更多的商业机会和业务，增强商业稳定性和持续性。因此，企业合规已成为企业软实力的重要体现，这是国家法律法规层面的要求，更是企业自身发展的内在需要。尤其是在快递企业竞争日益激烈的情形下，合规管理将会成为快递企业的核心竞争力之一。

四、合规是规范快递从业人员的有效手段

构建科学的快递企业合规管理体系，可让每个从业人员养成合规习惯，避免违规风险。同时，在制度层次向员工普及合规管理的相关条例，

有利于让员工自觉自律地避免违规化操作，从而提高快递服务质量，确保快递安全。

五、合规是提升快递企业抗风险能力的重要路径

从司法实践来看，快递企业涉及的纠纷以合同纠纷、侵权纠纷、应收款纠纷居多，这些纠纷对快递企业健康快速发展造成了不利影响，部分未开展合规管理的快递企业因抗风险能力弱，在面对个别事件时可能会遭遇致命打击。这些纠纷之所以高频发生，归根结底都是合规理念缺失、合规意识不强、合规管理薄弱造成的。开展合规管理，就是要紧密配合案件防范长效机制建设，着眼源头，变堵为疏，变被动为主动，提升企业抗风险能力。

第二章

快递企业设立合规

第一节　经营主体

　　快递业是现代服务业的重要组成部分，也是推动流通方式转型、促进消费升级的现代化先导性产业，在稳增长、促改革、调结构、惠民生、防风险等方面发挥着重要作用。我国快递业历经了10年持续快速发展，规模增速依然高位运行，新业态、新动能不断呈现。促进快递企业依法合规经营，防范企业风险，推动快递行业健康持续发展，是确保快递企业稳健运行的内在要求。

一、企业经营

　　《邮政法》第五十一条第一款规定，经营快递业务，应当依照本法规定取得快递业务经营许可；未经许可，任何单位和个人不得经营快递业务。第五十二条还规定，申请快递业务经营许可，应当符合企业法人条件。《邮政法》确立了快递业务经营许可制度，也就是快递市场准入制度，即国家对经营快递业务依法实行行政许可。实践中，新设企业应当在取得快递业务经营许可后，依法向市场监管部门办理企业设立登记；已经依法设立的企业经营快递业务的，应当在取得快递业务经营许可后，依法向市场监管部门办理企业经营范围变更登记。

　　为持续推动快递业健康发展，加强对快递业的监督管理，促成快递业治理体系和治理能力现代化，2018年3月2日，国务院颁布并施行了《快递暂行条例》。其中，《快递暂行条例》第十七条分别对快递业务经营许可核定业务范围、地域范围和许可信息公示作出规定；而且，该条还规定邮政管理部门应当根据《邮政法》第五十二条、第五十三条规定的条件和程序，按照企业具备的服务能力核定经营许可的业务范围和地域范围。经营快递业务的企业应当在经营许可范围内依法从事快递业务经营活动。

　　同时，快递末端网点是快递服务的重要物质基础，直接承担着快件的收寄、投递工作，在快递业务经营活动中发挥着基础性、关键性的作用。针对开办快递末端网点的企业及其分支机构的经营问题，《快递暂行条例》第十八条规定，为满足减轻企业开办末端网点负担的需要，不仅明确快递末端网点的法律地位，还简化了快递末端网点的开办手续。首先，该条规定经营快递业务的企业及其分支机构可以根据业务需要开办快递末端网点。这里的末端网点既包括经营快递业务的企业自营的末端网点，也包括与其他法人、非法人组织或者个人合作开办的末端网点。其次，自开办快递末端网点之日起二十日内，由末端网点所属的经营快递业务的企业或分支机构，向末端网点所在地的邮政管理部门备案。而经营快递业务的企业及其分支机构开办的快递末端网点无须办理营业执照。

二、企业登记

　　根据《邮政法》及《企业法人登记管理条例》的规定，快递企业经营必须依法办理企业法人登记。其中，根据《企业法人登记管理条例》第七条规定，企业在完成注册登记时，要满足以下登记条件和登记注册事项后才能申请开业登记。具体条件见图2-1：

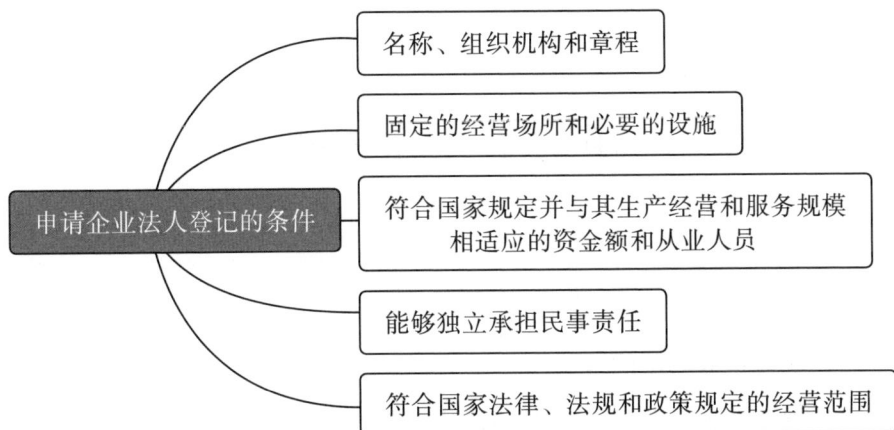

图2-1　申请企业法人登记条件

　　快递企业在登记注册时，还应当符合《企业法人登记管理条例》中关于登记注册事项的规定。比如，《企业法人登记管理条例》第九条规定，企业法人登记注册的主要事项包括企业法人名称、住所、经营场所、法定代表人、经济性质、经营范围、经营方式、注册资金、从业人数、经营期限、分支机构等。关于企业法人登记名称，《企业法人登记管理条例》要求企业法人只准使用一个名称，名称由登记主管机关核定，经核准登记注册后在规定的范围内享有专用权。企业的经营范围也应当与其资金、场地、设备、从业人员及技术力量相适应。企业法人应当在核准登记注册的经营范围内从事经营活动。

　　在主管部门或者审批机关批准后三十日内，由快递企业向登记主管机关提出申请办理开业登记。

第二节 营业场所

一、快递营业场所的分类

快递营业场所是指快递服务组织提供快件收寄、投递及其他末端服务的场所。根据2015年实施的《快递营业场所设计基本要求》，快递营业场所分为自有营业场所和合作营业场所。具体分类见图2-2：

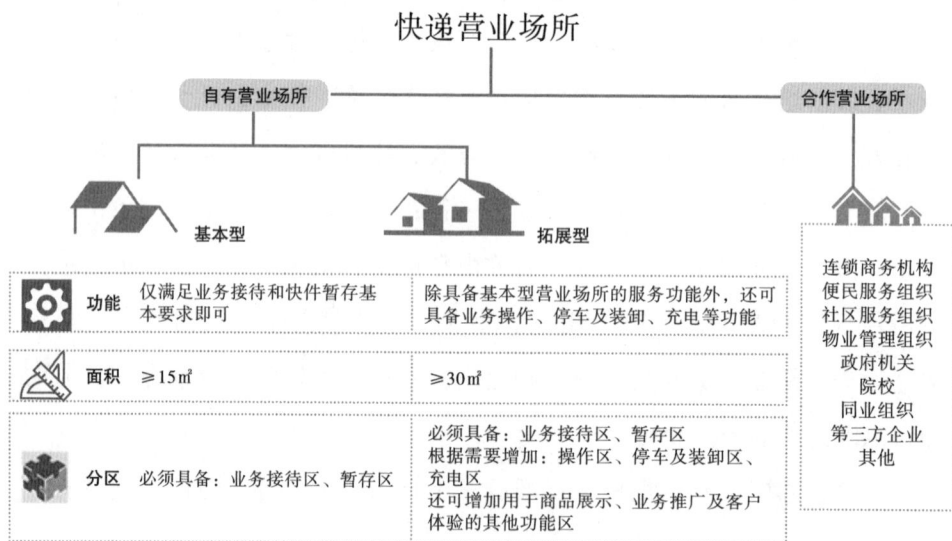

图2-2 快递营业场所分类

我国自有营业场所的快件投递量在快递末端投递总量中所占的比例约为65%—98%，不同企业的占比略有不同。快递企业为了解决快件"最后一公里"投递难问题，缓解末端投递压力，努力寻求与超市、便利店、物业收发室等单位进行合作，积极发展代收代投业务，这类营业场所就属于合作型营业场所。

目前，自有营业场所发展相对成熟，而合作营业场所的合作类型日趋多样化，其建设模式和运营方式还处在发展调整中。为了避免过早制订标准限制其发展，《快递营业场所设计基本要求》只对自有营业场所提出了规范性要求，未对合作营业场所进行规定。因此，《快递营业场所设计基本要求》的适用范围仅限于快递服务组织自有营业场所的设计和建议。

二、自有营业场所

随着快递服务的不断发展，快递营业场所作为与用户直接接触的平台，在提供快件收寄服务的同时，还主要承担快件投递、查询等其他相关末端服务，其服务内涵正在不断拓展。针对不同种类营业场所的建筑面积和服务功能，《快递营业场所设计基本要求》也作了不同的规定。其中自有营业场所要求如下：

（1）具有固定的独立空间；

（2）基本型营业场所应包括业务接待区和暂存区，两者应物理分隔；

（3）拓展型营业场所在基本型营业场所的基础上，增加独立的操作、停车及装卸、充电等功能区；

（4）基本型营业场所面积不应小于15㎡，拓展型营业场所面积不应小于30㎡，且营业场所的面积应与快递业务量大小相适应；

（5）同一服务品牌的快递服务组织，其快递营业场所的设计应保持统一风格；

（6）符合国家对于营业场所其他方面的要求。

除此之外，自有营业场所应根据现场实际，在场所内划分接待、暂存、操作、停车及装卸、充电等相关功能区域，各功能区域可用标线进行分隔，保持出入畅通，方便人员、车辆及快件的进出。

另根据2011年起实施的《快递业务操作指导规范》，快递企业宜具有固定的、易识别的营业场所，如搬迁或停业应通过各种渠道和有效方式告知用户，并及时上报邮政管理部门。快递营业场所应满足以下要求：

（1）有企业标识，并配备必要的服务设施；

（2）有符合相关规定的消防设施；

（3）有符合相关规定的视频监控设备，做到工作区域全覆盖；

（4）提供各种业务单据和填写样本；

（5）在显著位置悬挂证明快递企业取得合法经营快递业务资格的《快递业务经营许可证》《工商营业执照》；

（6）在显著位置粘贴《禁寄物品指导目录》；

（7）悬挂场所名称牌和营业时间牌，标牌保持干净、整洁；

（8）在显著位置公布：服务种类；服务范围；资费标准；服务承诺；服务电话、电子邮箱和企业网址；监督投诉电话或者电子邮箱。

三、快递处理场所

快递企业设置的处理场所应当封闭，且面积适宜；配备相应的符合国家标准的处理设备、监控设备和消防设施；对快件处理场所进行合理分区，并设置异常快件处理区和贵重快件保管区；保持整洁，并悬挂企业标识；快件处理场所的设计和建设，应当符合国家安全机关和海关依法履行职责的要求。

快件处理场所的面积和设施设备配备宜参照标准如表2-1：

表2-1　快递处理场所面积、设施设备配备参照标准

年快件处理量（万件）	面积（m²）	设施设备
50	≥200	分拣格、称重台、工具架、托盘、电脑、视频监控系统
500	≥2000	除上述设备外，还应具备：货物搬运设备（例如手推车）、条码识读器、安全检查设备（例如X光机）
1000	≥4000	除上述设备外，还应具备：门禁系统、半自动皮带输送设备
2000	≥8000	除上述设备外，还应具备：快件半自动或自动分拣系统、远程影像监控系统
3000	≥10000	除上述设备外，还应具备：叉车、快件自动分拣系统、场所统一指挥调度系统
≥4000	≥15000	等同于年处理量3000万件的处理场所

（注：所有快件处理场所面积均不应少于50m²。）

第三节　安全生产设备配置

《邮政业安全生产设备配置规范》（YZ 0139—2015）是邮政业第一个强制性行业标准，2015年3月1日发布，2015年9月1日起实施。该标准适用于邮政企业、快递企业及其他从事寄递服务的企业从收寄到投递的各个环节、

场所，村邮站和快递合作营业场所除外。该标准对快递企业的营业场所、处理场所、运输车辆安全生产设备配置进行了明确规定。具体见表2-2：

表2-2　营业场所、处理场所、运输车辆安全生产设备配置表

序号	场所或车辆	安全生产设备类型或车辆类型	配置要求	安装区域或配置数量	备注
1	营业场所	消防设备	营业场所应配备与场所面积相适应的消防设备		必配
2			灭火器的配置应符合GB 50140的要求	以A类（固体火灾）、民用建筑严重危险级为基准进行配备	必配
3		隔离设备	金属门	营业场所	必配
4			金属栅栏	与外界相通的窗口、通风口	必配
5			物理隔离	业务接待区和其他区域之间；拓展型营业场所的充电区与其他区域之间	必配
6			防火防爆设备	拓展型营业场所的充电区	必配
7		监控设备	视频监控摄像头	营业场所内部；拓展型营业场所的充电区、停车与装卸区	必配
8		安检设备	微剂量X射线安全检查设备	特殊地区的营业场所	选配
9			烟雾报警器	营业场所内部	必配
10			入侵探测报警器	营业场所周边	选配
11		报警设备	紧急报警系统	邮件、快件交付领取区域及现金收付柜台	选配

序号	场所或车辆	安全生产设备类型或车辆类型	配置要求	安装区域或配置数量	备注
12	营业场所	其他	自动应急照明设备、防毒口罩、长胶手套等安全防护用品	营业场所	必配
13	处理场所	消防设备	处理场所应配备与场所面积相适应的消防设备		必配
14			灭火器的配置应符合GB 50140的要求	以A类（固体火灾）、民用建筑严重危险级为基准进行配备	必配
15		隔离设备	围墙	与外界相隔处	必配
16			栅栏或隔离桩等隔离设备	处理场所入口	必配
17			机动车限速标志和机动车减速带	处理场所入口前10m以外	必配
18			升降式机动车阻挡装置	车辆进入通道	选配
19			金属栅栏	与外界相通的窗口或通风口	必配
20			门禁系统和查验门岗	内部处理场地	选配
21			安检门和金属探测仪	内部处理场地	选配
22			隔离装置	分拣区、办公区和员工生活区之间	必配
23		监控设备	视频监控摄像头	与外相通的各出入口、停车场等部位及处理场所内部	必配
24			专门的安全监控室	处理场所	必配

续　表

序号	场所或车辆	安全生产设备类型或车辆类型	配置要求	安装区域或配置数量	备注
25	处理场所	安检设备	微剂量X射线安全检查设备	航空和高铁邮件、快件及国际和港澳台邮件、快件应保证100%过机安检，其他邮件、快件过机安检率应符合相关规定	必配
26		报警设备	入侵探测报警系统	处理场所周边	选配
27			报警器	处理场所内部	必配
28		其他	安全设备警示标识	处理场所内部	必配
29			防漏电和过载保护装置	处理场所的电气线路	必配
30			安全警示牌	在分拣设备及其他作业设备附近	必配
31			隔离保护设备，跨越处应设置带护栏的人行跨梯	在分拣设备的动力部件，以及滚轴、滑轮等传动部件处	必配
32			应急隔离区	处理场所	必配
33			自动应急照明设备、防毒面具、紧急救助医疗箱	处理场所	必配
34			警用防爆罐、警用防爆毯	特殊地区的处理场所	必配
35	车辆	干线运输车辆	车载定位系统	车体	必配
36			倒车影像装置	车体	必配
37			两个2kg以上的干粉灭火器	驾驶室	必配

续　表

序号	场所或车辆	安全生产设备类型或车辆类型	配置要求	安装区域或配置数量	备注
38	车辆	干线运输车辆	远程视频监控设备	驾驶室	选配
39			驾驶员身份认证装置和驾驶安全警示装置	驾驶室	选配
40			锁闭装置	货箱	必配
41			阻燃箱	货箱	选配
42			三角木、防滑链条等防护装置	东北等寒冷地区	选配
43		揽投车辆	封闭车厢	货箱	必配
44			锁闭装置	货箱	必配
45			满足GB/T 29912—2013中5.2.2、5.2.6及5.5的要求	城市配送汽车	必配
46			车载定位系统	邮政、快递专用电动三轮车	选配
47			满足YZ/T 0136相关安全配置要求	快递专用电动三轮车	必配

此外，根据国邮发〔2016〕67号《邮件快件微剂量X射线安全检查设备配置管理办法（试行）》的规定，快递企业还应该配备用于邮件、快件安全检查的微剂量X射线安全检查设备。根据2020年2月15日起施行的《邮政业寄递安全监督管理办法》，快递企业应当对其提供寄递服务的营业场所、处理场所，包括其开办的快递末端网点、设置的智能快件箱进行全天候视频监控。其中，营业场所、快递末端网点、智能快件箱的视频监控设备应当全面覆盖，处理场所的视频监控设备应当覆盖各出入口、主要生产

作业区域。快递企业保存监控资料的时间不得少于三十日。其中，营业场所交寄、接收、验视、安检、提取区域及智能快件箱放置区域的监控资料保存时间不得少于九十日。

第四节　行政许可

一、许可条件

根据《邮政法》相关规定，申请快递业务经营许可时，需符合以下条件，如图2-3所示：

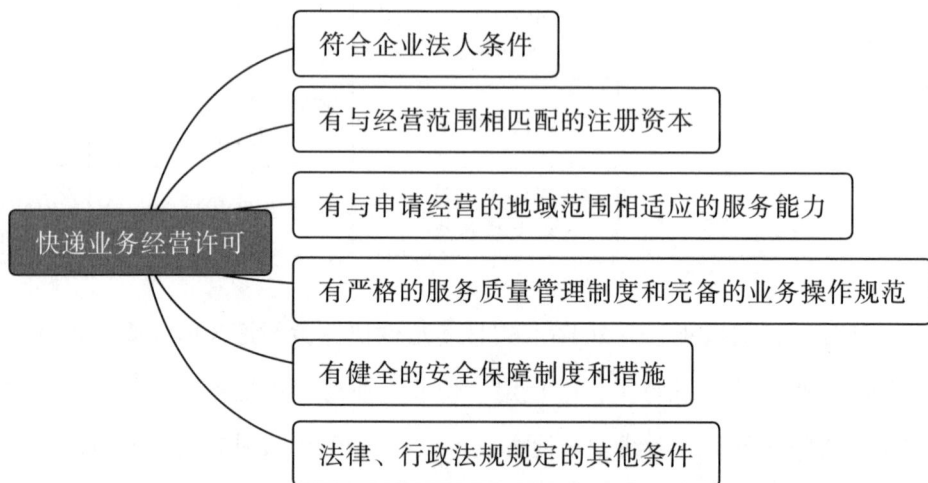

快递业务经营许可
- 符合企业法人条件
- 有与经营范围相匹配的注册资本
- 有与申请经营的地域范围相适应的服务能力
- 有严格的服务质量管理制度和完备的业务操作规范
- 有健全的安全保障制度和措施
- 法律、行政法规规定的其他条件

图2-3　快递业务经营许可申请条件

鉴于快递业务中的信件寄递业务可能涉及个人隐私、商业秘密、国家秘密等，法律特对经营此类业务的主体作出了禁止性规定。根据《快递业务经营许可管理办法》有关规定，外商禁止投资经营涉及信件的国内快递业务。同时，法律规定由邮政企业专营的信件业务、涉及国家机关公文的寄递业务，只有邮政企业有权经营。

二、审批程序

（1）审批机关

根据《快递业务经营许可管理办法》（以下简称《办法》）有关规定，邮政管理部门负责快递业务经营许可的管理工作。邮政管理部门包括：国务院邮政管理部门和省、自治区、直辖市邮政管理机构，以及按照国务院规定设立的省级以下邮政管理机构。

根据快递业务经营地域范围的大小，主管的邮政管理部门也有所不同。若申请经营的快递业务是在省、自治区、直辖市范围内，则申请人应当向其所在地省、自治区、直辖市邮政管理机构提出申请；若申请经营的快递业务是跨省、自治区、直辖市或者是国际范围的，则申请人应当向国务院邮政管理部门提出申请。

（2）申请材料

申请快递业务经营许可证应当依法提交申请材料，具体包括的各项材料如图2-4所示：

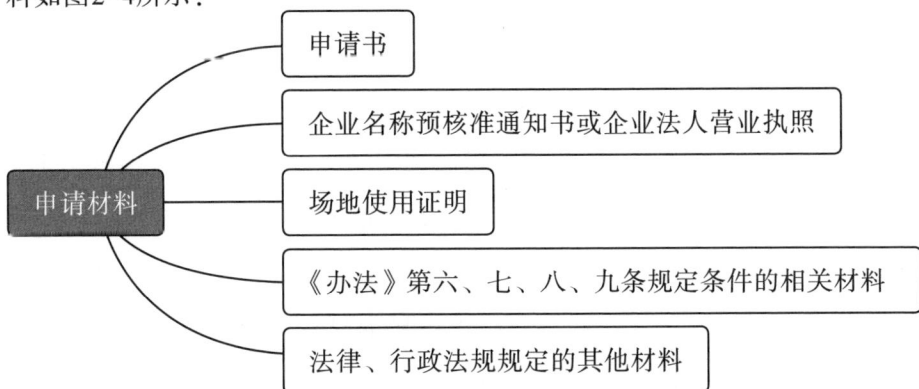

图2-4　快递业务经营许可证申请材料

（3）审批及登记流程

邮政管理部门应当依据法定程序对快递业务经营许可证的申请进行审批并登记。邮政管理部门对申请快递业务经营许可证审查后不予批准的，应当书面告知申请人并说明理由。邮政管理部门审批及登记流程如图2-5所示：

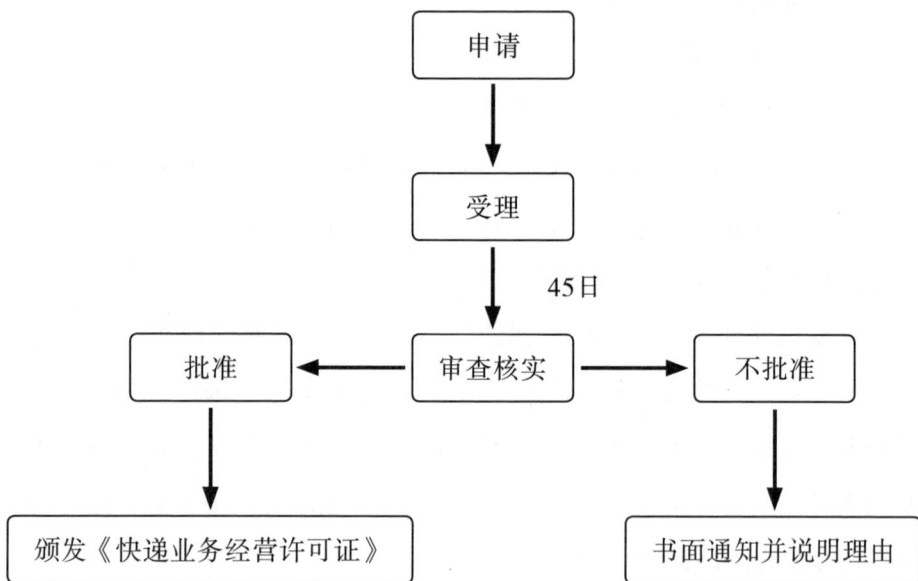

```
                    ┌──────────┐
                    │   申请    │
                    └────┬─────┘
                         ↓
                    ┌──────────┐
                    │   受理    │
                    └────┬─────┘
                         │  45日
   ┌──────┐       ┌──────────┐       ┌──────┐
   │ 批准 │ ←─── │  审查核实 │ ───→ │ 不批准│
   └──┬───┘       └──────────┘       └──┬───┘
      ↓                                  ↓
┌──────────────────┐          ┌──────────────────┐
│颁发《快递业务经营许可证》│          │  书面通知并说明理由  │
└──────────────────┘          └──────────────────┘
```

图2-5 邮政管理部门审批及登记流程

申请人取得《快递业务经营许可证》后，方可向工商行政管理部门办理企业法人设立或者变更登记。

（4）《邮政法》颁布实施前的处理方式

在《邮政法》颁布实施前已经按照国家相关规定，经国务院有关主管部门批准或者备案，并依法办理登记取得国际快递业务经营资格的国际货物运输代理企业，在《邮政法》颁布实施后领取《快递业务经营许可证》，应当向国务院邮政管理部门提交如下材料：《快递业务经营许可证》领取申请书；国务院对外贸易主管部门批准或备案文件；工商行政管理部门依法颁发的营业执照；分支机构名录。

三、《快递业务经营许可证》管理

1.法定许可期限

《快递业务经营许可证》的法定有效期限为五年。被许可人应当在许可证有效期届满三十日前向主管的邮政管理部门提出申请，换领许可证。

2.年度报告

被许可人应当在每年4月30日前向主管的邮政管理部门提交快递业务经营许可年度报告，包括以下材料：（1）年度报告书，包括年度经营情况、遵守法律法规情况等；（2）《快递业务经营许可证》副本原件；（3）企业法人营业执照复印件。

3.变更

被许可人的企业名称、企业类型、股权关系、注册资本、经营范围、经营地域或分支机构等事项发生变更的，应当向主管的邮政管理部门申请办理变更手续，并换领许可证。

（1）交回

被许可人在《快递业务经营许可证》有效期届满前经营的，应当提前书面告知主管的邮政管理部门，上交《快递业务经营许可证》，并按照有关规定妥善处理未投递的快件。

（2）注销

在特定情形下，邮政管理部门应当依法办理快递业务经营许可的注销手续：《快递业务经营许可证》有效期届满后未延续的；企业法人资格依法终止的；申请人自取得《快递业务经营许可证》后无正当理由超过六个月未经营快递业务，或者自行连续停业六个月以上的；《快递业务经营许可证》有效期届满前停止经营的；快递业务经营许可依法被撤销、撤回的，或者《快递业务经营许可证》被依法吊销的；法律、行政法规规定的其他情形。

（3）公示

邮政管理部门应当依法对《快递业务经营许可证》的颁发、变更、注销等事项向社会公告。

（4）禁止性规定

《快递业务经营许可证》依法由国务院邮政管理部门统一印制。任何组织或者个人均不得伪造、涂改、冒用、租借、买卖和转让《快递业务经营许可证》。

第五节　分支机构

一、分支机构种类

根据《经营快递业务的企业分支机构备案管理规定》，经营快递业务的企业分支机构，是指依法取得快递业务经营许可的企业设立的，经营快递业务的分公司、营业部等非法人分支机构。

二、分支机构注册登记

《快递市场管理办法》第十二条规定，取得快递业务经营许可的企业设立分公司、营业部等非法人分支机构，凭企业法人《快递业务经营许可证》（副本）及所附分支机构名录，到分支机构所在地工商行政管理部门办理注册登记。

企业分支机构应在取得营业执照之日起二十日内到所在地邮政管理部门办理备案手续。《快递业务经营许可证》（副本）载明的股权关系、注册资本、业务范围、地域范围发生变更的，或者增设、撤销分支机构的，应当报邮政管理部门办理变更手续，并持变更后的《快递业务经营许可证》办理工商变更登记。

三、分支机构备案

备案主体是指依法取得快递业务经营许可的企业设立的经营快递业务的分公司、营业部等非法人分支机构。省级以下邮政管理机构在国务院邮政管理部门和省、自治区、直辖市邮政管理机构的指导下，负责本辖区经营快递业务的企业分支机构备案的管理工作。需要说明的是，《经营快递业务的企业分支机构备案管理规定》中的备案主体定位于非法人分支机构，子公司以及加盟企业均属于独立法人企业，需要单独取得许可。

分支机构备案的具体流程如下：分支机构应先列入上级法人企业的经营许可证副本名录，持名录到工商行政管理部门完成工商注册登记后，持名录和工商执照向所在地邮政管理部门办理备案手续。

办理经营快递业务的企业分支机构备案手续，应当提交以下材料：（1）分支机构备案登记表；（2）企业法人的《快递业务经营许可证》（副本）及所附分支机构名录复印件；（3）分支机构营业执照（副本）复印件；（4）分支机构负责人身份证明复印件；（5）法律、行政法规规定的其他材料。分支机构备案登记表通过邮政管理部门网站在线填写，打印两份，签章后提交到所在地的邮政管理部门。

四、末端网点备案

对于经营快递业务的企业与之合作的超市、便利店等末端投递网点，根据《快递末端网点备案暂行规定》，开办者应当在快递末端网点设置快件存放和保管区域，配备相应的通讯、货架、监控等设备设施，公示快递服务组织标识，并遵守邮政管理部门的其他规定。开办者应当自快递末端网点开办之日起二十日内，向快递末端网点所在地省级以下邮政管理机构备案。

末端网点的开办者还应当通过邮政管理部门信息系统如实完整填写《快递末端网点备案信息表》，并在线提交以下材料：（1）开办者营业执照；（2）快递末端网点负责人身份证明；（3）快递末端网点场所的图片资料；（4）邮政管理部门规定的其他材料。分支机构办理快递末端网点备案手续的，除提交上述材料外，还应当提交所属企业法人的授权书。

第三章

快递企业劳动用工合规

第一节　劳动合同

一、订立劳动合同

1.劳动合同订立时间及形式

用人单位应当自用工之日起一个月内与劳动者订立书面劳动合同。如果在用工前用人单位与劳动者已经订立劳动合同的，那么劳动关系自用工之日起建立。

2.用人单位的告知义务和劳动者的说明义务

用人单位在招用劳动者时，应当将工作内容、条件、地点、劳动报酬、职业危害等情况如实告知劳动者；关于劳动者与劳动合同直接相关的一些基本情况，用人单位有权了解，如用人单位向劳动者了解上述情况，劳动者应当如实向用人单位说明。

3.劳动合同的生效

用人单位与劳动者应就劳动合同内容协商一致，劳动合同经用人单位与劳动者在劳动合同上签字或者盖章后生效。

4.劳动合同的无效

导致劳动合同无效的原因主要有三方面：一是以欺诈、胁迫或者乘人之危等手段订立或者变更劳动合同；二是用人单位在劳动合同中免除自己的法定责任、排除劳动者权利的；三是违反法律、行政法规强制性规定的（如关于妇女、未成年人的人身权利受到法律特殊保护的规定等）。

对劳动合同的无效或者部分无效有争议的，由劳动争议仲裁机构或者人民法院确认。

如果劳动合同部分无效，不影响其他部分效力的，其他部分仍然有效。

5.不订立书面劳动合同的法律责任

用人单位自用工之日起超过一个月不满一年未与劳动者订立书面劳动合同的，应当向劳动者每月支付二倍的工资。用人单位违反规定不与劳动者订立无固定期限劳动合同的，自应当订立无固定期限劳动合同之日起向劳动者每月支付二倍的工资。

二、劳动合同的种类

劳动合同的种类有三种，即固定期限劳动合同、无固定期限劳动合同和以完成一定工作任务为期限的劳动合同。

1.固定期限劳动合同

固定期限劳动合同是指约定了合同终止时间的劳动合同。在用人单位与劳动者协商一致的情况下，可以订立固定期限劳动合同。

2.无固定期限劳动合同

无固定期限劳动合同是指未确定终止时间的劳动合同。在用人单位与劳动者协商一致的情况下，可以订立无固定期限劳动合同。

有下列情形之一，劳动者提出或者同意续订、订立劳动合同的，除劳动者提出订立固定期限劳动合同外，应当订立无固定期限劳动合同：

（1）劳动者在该用人单位连续工作满十年的；

（2）用人单位初次实行劳动合同制度或者国有企业改制重新订立劳动合同时，劳动者在该用人单位连续工作满十年且距法定退休年龄不足十年的；

（3）连续订立二次固定期限劳动合同，且劳动者没有《劳动合同法》第三十九条和第四十条第一项、第二项规定的情形，续订劳动合同的。

用人单位自用工之日起满一年不与劳动者订立书面劳动合同的，视为用人单位与劳动者已订立无固定期限劳动合同。

3.以完成一定工作任务为期限的劳动合同

以完成一定工作任务为期限的劳动合同是指用人单位与劳动者约定以某项工作的完成为合同期限的劳动合同。用人单位与劳动者协商一致，可以订立以完成一定工作任务为期限的劳动合同。

三、劳动合同的内容

1.劳动合同应当具备的条款

劳动合同应当具备以下条款：

（1）用人单位的基本信息，如名称、住所和法定代表人或者主要负责人等；

（2）劳动者的基本信息，如姓名、住址和有效身份证件号码；

（3）劳动合同的期限；

（4）工作时间、内容、地点；

（5）休息休假；

（6）劳动报酬；

（7）社会保险；

（8）劳动保护、劳动条件和职业危害防护；

（9）法律、法规规定应当纳入劳动合同的其他事项。

2.劳动合同的变更

在用人单位与劳动者协商一致的情况下，可以变更劳动合同约定的内容。变更劳动合同，应当采用书面形式。

3.缺乏必备条款、不提供劳动合同文本的法律责任

若用人单位提供给劳动者的劳动合同文本未载明劳动合同必备条款，或者用人单位未将劳动合同文本交付劳动者的，由劳动行政部门责令改正；如果给劳动者造成损害的，用人单位应当承担赔偿责任。

四、劳动报酬

1.劳动报酬

用人单位应当及时向劳动者足额支付劳动报酬。如用人单位拖欠报酬或者未足额支付劳动报酬的，劳动者可以向法院申请支付令，法院应当依法发出支付令。

2.劳动合同对劳动报酬和劳动条件约定不明确的解决

如劳动合同中关于劳动报酬及劳动条件的约定不明确，引发劳动争议的，用人单位与劳动者可以重新协商；如协商不成，则适用集体合同规定；如没有集体合同或者集体合同未规定劳动报酬的，则实行同工同酬；没有集体合同或者集体合同未规定劳动条件等标准的，适用国家有关规定。

3.未依法支付劳动报酬、经济补偿等的法律责任

用人单位如未依法支付劳动报酬、经济补偿的，由劳动行政部门责令限期支付；劳动者劳动报酬低于当地最低工资标准的，用人单位应当支付其差额部分；用人单位逾期不支付的，由劳动行政部门责令用人单位按应付金额百分之五十以上百分之一百以下的标准向劳动者加付赔偿金。

五、劳动保护

1.用人单位不得扣押劳动者证件和要求提供担保

用人单位在招用劳动者时，不得对其身份证件或者其他证件进行扣押，不得要求劳动者提供担保，也不得以其他名义向劳动者收取财物。

2.劳动者拒绝违章指挥、强令冒险作业

如用人单位违章指挥、强令劳动者冒险作业，劳动者拒绝的，不视为劳动者违反劳动合同。对危害生命安全和身体健康的劳动条件，劳动者有权对用人单位提出批评、检举和控告。

3.侵害劳动者人身权益的法律责任

用人单位如有以暴力、威胁或者非法限制人身自由的手段强迫劳动、侮辱、殴打等侵害劳动者人身权益的行为的，依法给予行政处罚；构成犯罪的，依法追究刑事责任；给劳动者造成损害的，应当承担赔偿责任。

第二节　试用期

试用期是大多数劳动者入职企业的必经程序，快递行业亦如此。但部分快递企业在实际用工过程中，存在滥用试用期的情形，从而侵犯了劳动者的合法权益。为规范快递企业劳动用工，快递企业需了解以下关于试用期的相关法律规定。

一、试用期期限

如劳动合同期限为三个月以上且不满一年的，则试用期不得超过一个月；如劳动合同期限为一年以上不满三年的，则试用期不得超过二个月；如劳动合同系三年以上的固定期限和无固定期限合同，则试用期不得超过六个月。如表3-1所示：

表3-1　劳动合同试用期期限规定

序号	劳动合同期限	试用期期限
1	合同期限<3个月	不得约定试用期
2	3个月≤合同期限<1年	试用期≤1个月
3	1年≤合同期限<3年	试用期≤2个月
4	合同期限≥3年	试用期≤6个月
5	无固定期限	试用期≤6个月

二、约定试用期的次数

同一用人单位与同一劳动者只能约定一次试用期。

三、不得约定试用期的情形

不得约定试用期的情形有：（1）以完成一定工作任务为期限的劳动合同；（2）劳动合同期限不满三个月的；（3）非全日制用工。

四、试用期包含在劳动合同期限内

试用期应当包含在劳动合同期限内。如果劳动合同仅仅只约定试用期，那么试用期不成立，该期限为劳动合同期限。

五、试用期工资

劳动者在试用期的工资不得低于：（1）本单位相同岗位最低档工资；（2）劳动合同约定工资的百分之八十；（3）用人单位所在地的最低工资标准。

六、试用期社会保险

用人单位应当自用工之日起三十日内为职工办理社会保险登记。未办理社会保险登记的，由社会保险经办机构核定其应当缴纳的社会保险费。

七、试用期内劳动者辞职

劳动者在试用期内提前三日通知用人单位，可以解除劳动合同。

八、试用期内用人单位不得解除劳动合同的情形

在试用期中，除劳动者有《劳动合同法》第三十九条和第四十条第一项、第二项规定的情形外，用人单位不得解除劳动合同。用人单位在试用期解除劳动合同的，应当向劳动者说明理由。

九、违法约定试用期的法律责任

用人单位违法约定试用期的，由劳动行政部门责令改正；违法约定的试用期已经履行的，由用人单位以劳动者试用期满月工资为标准，按已经履行的超过法定试用期的期间向劳动者支付赔偿金。

第三节　考勤和加班管理

一、工时制度

我国法律规定了三种工时制度类型，分别为标准工作时间，计件工作

时间和其他工时制度。

1.标准工作时间制度

《劳动法》第三十六条规定，我国实行劳动者每日工作时间不超过八小时、平均每周工作时间不超过四十四小时的工时制度。此外，《国务院关于职工工作时间的规定》（以下简称《工作时间规定》）第三条规定，职工每日工作八小时，每周工作四十小时。这里需要说明的是，《劳动法》与《工作时间规定》中关于标准工作时间的规定并不矛盾，根据法理分析，法律效力位阶的规则是上位法（这里指《劳动法》）应优先于下位法（这里指《工作时间规定》），但前提是两者内容相冲突，而《工作时间规定》是在《劳动法》规定的范围内，将标准工作时间更加明细化，故《工作时间规定》应当被遵守。

2.计件工作时间制度

计件工作时间是指员工在法律规定的标准工作时间内完成一定的计件数量，其劳动报酬的计算与计件完成数量相挂钩，该工时制度一般应用于工厂加工流水线上的工人。需要注意的是，即使用人单位采取计件工作时间制度，确定计件工作的劳动定额和计件报酬标准也不能脱离标准工作时间。

3.其他工时制度

企业如果因生产特点不能采用标准工作时间或计件工作时间的，可以实行其他工作和休息办法，但必须经过劳动行政部门批准。

根据《劳动部关于企业实行不定时工作制和综合计算工时工作制的审批办法》（以下简称《审批办法》），其他工时制度主要有不定时工作制和综合计算工时工作制。

不定时工作制因为其工作性质特殊，劳动者的工作时间并不能用固定时间来衡量。根据《审批办法》，可以实行不定时工作制的职工种类主要有：企业高管、外勤、推销人员、出租车司机等。

特殊工作性质工时的另一种计算方法是综合计算工时工作制。《审批办法》第五条规定，工时分别以周、月、季、年等为周期计算，但其平均日工作时间和平均周工作时间应与法定标准工作时间基本相同。这一类劳动者主要有：交通、铁路、邮电、水运、航空、渔业等行业中因工作性质特殊，需连续作业的职工；地质及资源勘探、建筑、制盐、制糖、旅游等受季节和自然条件限制的行业的部分职工等。

二、加班管理

1.加班时间

加班是指用人单位安排劳动者在法定的工作时间外进行工作，法言法语的表述为"延长工作时间"。目前，加班是比较普遍的现象。我国法律将加班分为一般情况下的延长工作时间和特殊情况下的延长工作时间。

一般情况下，延长工作时间一般每日不得超过一小时，因特殊原因需要延长工作时间不得超过三小时，但是每月不得超过三十六小时。

特殊情况下，以保障公共利益为前提，延长工作时间不受上述"一般情况"的限制。其主要情况有：（1）发生自然灾害、事故或者因其他原因，威胁劳动者生命健康和财产安全，需要紧急处理的；（2）生产设备、交通运输线路、公共设施发生故障，影响生产和公众利益，必须及时抢修的；（3）法律、行政法规规定的其他情形。

此外，用人单位应当合理安排加班，严格执行劳动定额标准，不得强迫或者变相强迫劳动者加班。如用人单位安排员工加班的，应当按照国家有关规定向劳动者支付加班费。

2.加班工资支付标准

因加班属于员工在规定工作时间外进行额外的劳动，故劳动者在加班时间对应获得的工资有理由高于其正常工作时间的工资报酬。根据不同情况，加班工资的计算方法主要有：

（1）用人单位安排劳动者在正常工作日加班的，支付不低于工资的百分之一百五十的工资报酬；

（2）用人单位安排劳动者在休息日工作又不能安排补休的，支付不低于工资的百分之二百的工资报酬；

（3）用人单位安排劳动者在法定休假日工作的，支付不低于工资的百分之三百的工资报酬。

此外，根据《劳动部关于贯彻执行〈中华人民共和国劳动法〉若干问题的意见》（以下简称《劳动法意见》）第六十二条规定，实行综合计算工时工作制的，工作日正好是休息日的劳动者，属于正常工作；如果工作日正好是法定节假日的，那么用人单位应当给予劳动者三倍工资。

三、休假制度

我国《宪法》明确规定了劳动者具有休息的权利，但实践中，用人单位（尤其是一些相关制度不够健全的中小型企业）对职工休假问题不够重视，加之劳动者本身不熟悉相关的规定，导致劳动者的休息权无法得到保障。因此，在此有必要对有关劳动者休息权利的法律法规进行梳理。

我国实行带薪年休假制度，即劳动者连续工作一年以上的，享受带薪年休假。国务院发布的《职工带薪年休假条例》（以下简称《年休假条例》）第三条进一步细化了年休假的具体规定，职工累计工作已满一年不满十年的，年休假五天；已满十年不满二十年的，年休假十天；已满二十年的，年休假十五天。国家法定休假日、休息日不计入年休假的假期。

此外，这里还需重点关注工作时间累计规则。职工在同一或者不同用人单位工作期间，以及依照法律、行政法规或者国务院规定视同工作期间，应当计为累计工作时间。也就是说，并不要求劳动者在同一用人单位工作满一年才可以享受带薪休假。

明确了工作时间累计规则，接下来就涉及一些细节问题。首先，对于工作时间已满一年的职工，其当年度年休假天数，应按照在本单位剩余日历天数折算确定，折算后不足1整天的部分不享受年休假。具体的折算方法：当年度年休假天数＝（当年度在本单位剩余日历天数÷365天）×职工本人全年应当享受的年休假天数。其次，还应当注意的是，用人单位与职工解除或者终止劳动合同时，当年度未安排职工休满应休年休假的，应当按照职工当年已工作时间，折算应休未休年休假天数，并支付未休年休假工资报酬，但折算后不足1整天的部分不支付未休年休假工资报酬。也就是说，即使用人单位与职工解除了劳动合同或劳动合同终止，劳动者都有权得到应休未休的劳动报酬。最后，职工依法享受的探亲假、婚丧假、产假等国家规定的假期及因工伤停工留薪期间不计入年休假假期。

四、奖惩制度

国务院1982年发布并实施的《企业职工奖惩条例》对企业内职工奖惩制度进行了规范，但该条例已于2008年废止，取而代之的是《劳动法》和《劳动合同法》。然而这两部法律并没有对劳动者的奖惩进行明确规范，只是明确"多鼓励，少惩罚"的大方向。既然法律没有明确规定，也就意味着企业对规范制度"高度自治"，企业应当将内部奖惩制度规范化，制定一套良好的职工奖惩制度，并以书面形式呈现给每一位员工。在规范企业职工行为的同时，也能起到提高职工工作的积极性，为企业带来更高的效益。因此，企业可以结合自身生产经营的实际情况制定奖惩制度，并交由专门人员执行，例如工会、职工代表大会或者全体职工。无论是惩罚还是奖励，企业都应做到公平公正，赏罚分明，这也是企业运作规范化的必要条件之一。

1.惩罚制度

企业应当制定合理的规范制度。如果公司内部有多个职能部门，各部门可以制定适合本部门工作性质的制度，但对于一般违纪行为，应统一惩罚标准，这样有利于提高惩罚制度的服从力和执行力。企业需明确惩罚的真正目的在于改正员工的错误，故惩罚的方式要适当，否则效果可能适得其反。

用人单位单方解除劳动合同是最严厉的处罚，企业应当明确《劳动法》第二十五条及《劳动合同法》第三十九条规定的用人单位可单方解除劳动合同的情形。其中，《劳动法》第二十五条第一款第二项"严重违反劳动纪律和用人单位规章制度"，以及第三项"重大损害"均根据企业自身规章制度来判断是否达到解除条件。

总之，企业内部的惩罚制度要合理、适当，明确目的不在于惩罚本身，而在于让员工认识到错误，同时规范自己的行为，避免给企业造成不必要的损失。

2.奖励制度

奖励制度和惩罚制度同样重要。合理的奖励是对员工工作成绩的认可，还可以带动员工的工作积极性。奖励的形式可以分为物质奖励和精神奖励。与惩罚制度不同的是，除基本的奖励外，企业可以结合员工的情况实行不同形式的奖励。好钢用在刀刃上，唯有切实了解员工的真正需求，才能更好地发挥奖励的作用。

第四节 工 伤

工伤是指由工作引起并在工作过程中发生的事故伤害和职业病伤害。认定是否为工伤的主要因素为"三工原则"，即工作时间、工作地点、发生事故时从事的活动是否与工作有关。我国的《工伤保险条例》对此作了具体规定。

一、应当认定为工伤的情形

职工有以下情形之一的，应当认定为工伤：

（1）在工作时间和工作场所内，因工作原因受到事故伤害的；

（2）工作时间前后在工作场所内，从事与工作有关的预备性或者收尾性工作受到事故伤害的；

（3）在工作时间和工作场所内，因履行工作职责受到暴力等意外伤害的；

（4）患职业病的；

（5）因工外出期间，由于工作原因受到伤害或者发生事故下落不明的；

（6）在上下班途中，受到非本人主要责任的交通事故或者城市轨道交通、客运轮渡、火车事故伤害的；

（7）法律、行政法规规定应当认定为工伤的其他情形。

以上第五项情形中，"因工外出期间"的认定，应当考虑职工外出是否属于用人单位指派的因工作外出，遭受的事故伤害是否因工作原因所致。第六项情形中，"非本人主要责任"的认定，应当以有关机关出具的法律文书或者人民法院的生效裁决为依据。

二、视同工伤的情形

职工有下列情形之一的，视同工伤：

（1）在工作时间和工作岗位，突发疾病死亡或者在四十八小时之内经抢救无效死亡的；

（2）在抢险救灾等维护国家利益、公共利益活动中受到伤害的；

（3）职工原在军队服役，因战、因公负伤致残，已取得革命伤残军人证，到用人单位后旧伤复发的。

三、不能认定为工伤或者视同工伤的情形

职工符合应当认定为工伤的情形或者视同工伤的情形，但是有下列情形之一的，不得认定为工伤或者视同工伤：

（1）故意犯罪的；

（2）醉酒或者吸毒的；

（3）自残或者自杀的。

以上第一项"故意犯罪"的认定，应当以司法机关的生效法律文书或者结论性意见为依据。第二项"醉酒或者吸毒"的认定，应当以有关机关出具的法律文书或者人民法院的生效裁决为依据。

四、申请工伤认定的主体、时限、受理部门

职工发生事故伤害或者按照职业病防治法规定被诊断、鉴定为职业病，所在单位应当自事故伤害发生之日或者被诊断、鉴定为职业病之日起

三十日内，向统筹地区社会保险行政部门提出工伤认定申请。

用人单位未按规定提出工伤认定申请的，工伤职工或者其近亲属、工会组织在事故伤害发生之日或者被诊断、鉴定为职业病之日起一年内，可以直接向用人单位所在地统筹地区社会保险行政部门提出工伤认定申请。

五、工伤认定申请时需提交的材料

提出工伤认定申请应当提交下列材料：

（1）工伤认定申请表；

（2）与用人单位存在劳动关系（包括事实劳动关系）的证明材料；

（3）医疗诊断证明或者职业病诊断证明书（或者职业病诊断鉴定书）。

工伤认定申请表应当包括事故发生的时间、地点、原因及职工伤害程度等基本情况。

第五节　社会保险

为保障公民在年老、疾病、工伤、失业、生育等情况下能够依法获得来自国家和社会的物质帮助，国家建立了基本养老保险、基本医疗保险、工伤保险、失业保险、生育保险等社会保险制度，并制定了《社会保险法》，要求中华人民共和国境内的用人单位和个人依法缴纳社会保险费，用人单位缴费情况依法受到个人及主管部门的监管。

一、社会保险制度

1.基本养老保险

职工基本养老保险是国家根据相关法律法规，为解决职工在达到国家规定的劳动年龄界限或因年老丧失劳动能力退出劳动岗位后的基本生活而建立的一种社会保险制度。根据《社会保险法》第十条规定，职工应当参加基本养老保险，由用人单位和职工共同缴纳基本养老保险费。用人单位应当按照国家规定的本单位职工工资总额的比例缴纳基本养老保险费，并记入基本养老保险统筹基金。

企业缴纳基本养老保险费的比例一般不超过企业工资总额的百分之二十（含划入个人账户部分），具体比例由省、自治区、直辖市人民政府确定。以浙江省为例，用人单位应按照《浙江省职工基本养老保险条例》的规定，以单位全部职工工资总额为缴费基数进行缴费申报；根据《浙江省人力资源和社会保障厅财政厅关于调整省本级企业基本养老保险费比例的通知》（浙人社发〔2009〕60号）的规定，在省社保中心参加企业职工基本养老保险的用人单位缴纳基本养老保险费的比例为百分之十四。

根据《浙江省职工基本养老保险条例》的规定，职工个人缴纳的基本养老保险费，由用人单位每月从职工工资中代扣代缴。职工个人每月按照本人上一年度月平均工资的百分之八缴纳基本养老保险费。如职工缴费工资低于上一年度全省在岗职工月平均工资百分之六十的，按照百分之六十确定；高于上一年度全省在岗职工月平均工资百分之三百的，按照百分之三百确定。全省上一年度在岗职工月平均工资由省统计部门核定、省劳动保障行政部门公布。

2.基本医疗保险

基本医疗保险是为补偿职工因疾病风险遭受的经济损失而建立的一项社会保险制度。通过用人单位与职工个人缴费，建立医疗保险基金，由医疗保险机构对患病就诊发生医疗费用的参保人员给予一定经济补偿。根据《社会保险法》第二十三条规定，职工应当参加职工基本医疗保险，由用人单位和职工按照国家规定共同缴纳基本医疗保险费。已与用人单位建立明确劳动关系的灵活就业人员，应按照用人单位参加基本医疗保险的方法缴费参保。

以浙江省为例，根据《浙江省推进城镇职工基本医疗保险制度改革的意见》（浙政〔2000〕5号）的规定，基本医疗保险以县（市）和地级以上（含地级）城市的本级行政区为统筹地区，由所在地人民政府负全责。统筹地区应依据以收定支、收支平衡的原则，合理确定基本医疗保险基金的缴费标准。以杭州市为例，根据《杭州市基本医疗保障办法》《杭州市基本医疗保障办法市区实施细则》的相关规定，用人单位以当月全部职工工资总额作为缴费基数（如职工当年月平均工资高于上年度全省在岗职工月平均工资300%的，按300%核定单位缴费基数；低于60%的，按60%核定单位缴费基数），按10.5%的比例按月缴纳职工医保费，按规定划入职工医保统筹基金、个人账户和大病保险基金；在职职工以本人上年度月平均工资为缴费基数（如职工本人上年度月平均工资高于上年度省平工资300%的，按300%核定缴费基数；低于60%的，按60%核定缴费基数），按2%的比例缴纳职工医保费，由用人单位按月代扣代缴，所缴纳的医保费全部划入职工个人账户。

3.工伤保险

工伤保险是指在工作中或法定情况下，劳动者遭受意外伤害或患职业病导致暂时性或永久性劳动能力丧失及死亡时，劳动者或其家属可从国家和社会获得医疗救治和经济补偿的一种社会保险制度。用人单位应当为本单位的全部职工缴纳工伤保险费，并在本单位内公示参加工伤保险的有关情况。同时，用人单位应当遵守有关安全生产和职业病防治的法律法规，执行安全卫生规章程序和标准，预防工伤事故发生，避免和减少职业病危害，并应在职工发生工伤时采取措施，使工伤职工得到及时救治。

用人单位应按时缴纳工伤保险费（缴纳数额为本单位职工工资总额乘以单位缴费费率之积），职工个人不缴纳工伤保险费。国家根据不同行业的工伤风险程度确定行业的差别费率，并根据工伤保险费使用、工伤发生率、职业病危害程度等因素在每个行业内确定若干费率档次。目前，按照《国民经济行业分类》对行业的划分，以不同行业工伤风险大小为依据，将参保单位划分为一类至八类，并按照"以支定收，收支平衡"的原则，一类至八类行业对应的工伤保险基准费率分别占各行业用人单位职工工资总额的0.2%、0.4%、0.7%、0.9%、1.1%、1.3%、1.6%、1.9%左右。同时，通过费率浮动的办法确定每个行业内的费率档次——一类行业分为三个档次，即在基准费率的基础上可向上浮动至120%、150%，二类至八类行业分为五个档次，即在基准费率的基础上可分别向上浮动至120%、150%或向下浮动至80%、50%。快递行业属于邮政业，即二类行业，故应执行二类行业对应的基准费率（0.4%左右）及各地制定的行业费率浮动标准。

4.失业保险

失业保险是指由用人单位、职工个人缴费及财政补贴等渠道筹集资金建立失业保险基金，保障失业人员失业期间基本生活，并通过专业训练、职业介绍等手段促进其再就业的一种社会保险制度。职工应当参加失业保险，由用人单位和职工按照规定共同缴纳失业保险费。

根据《关于调整失业保险费率有关问题的通知》（人社部发〔2015〕24号）的规定，从2015年3月1日起，失业保险费率暂由现行条例规定的3%降至2%，单位和个人缴费的具体比例由各省、自治区、直辖市人民政府确定。为进一步减轻企业成本负担、增强企业活力、促进就业稳定，《关于阶段性降低失业保险费率有关问题的通知》（人社部发〔2017〕14号）、

《关于继续阶段性降低社会保险费率的通知》（人社部发〔2018〕25号）
先后出台，2017年1月1日至2019年4月30日，失业保险总费率为1.5%的
省、市、区可将总费率降至1%。以杭州市为例，实施失业保险单位缴费比
例下调政策后，单位和职工均按0.5%的费率缴纳失业保险费，全市1—9月
失业保险降费约9亿元。

5.生育保险

生育保险是指在女性劳动者怀孕和分娩期间，由国家和社会提供医疗
服务、生育津贴和产假的一种社会保险制度。职工应当参加生育保险，由
用人单位按照国家规定缴纳生育保险费，职工不缴纳生育保险费。用人单
位应按照其工资总额的一定比例（该提取比例由当地人民政府根据计划内
生育人数和生育津贴、生育医疗费等项费用确定，并可根据费用支出情况
适时调整，但最高不得超过工资总额的1%）向社会保险经办机构缴纳生育
保险费，建立生育保险基金。

根据《关于适当降低生育保险费率的通知》（人社部发〔2015〕70
号）的规定，具体缴纳费率应按照"以支定收、收支平衡"的原则，根据
当地近年来生育保险基金的收支、结余情况确定。生育保险基金累计结余
超过9个月的统筹地区，应将生育保险基金费率调整到用人单位职工工资总
额的0.5%以内。以浙江省为例，根据《关于调整工伤、生育保险费率等有
关事项的通知》（浙人社发〔2015〕108号）的规定，省本级生育保险费率
从0.5%调整至0.3%。

二、未依法缴纳社会保险应承担的法律责任

用人单位应自行申报、按时足额缴纳社会保险费，除因不可抗力等法
定事由外不得缓缴或者减免；职工应当缴纳的社会保险费由用人单位代扣
代缴，用人单位应当按月将缴纳社会保险费的明细情况告知职工本人。

如用人单位未按规定申报应当缴纳的社会保险费数额，则按照该单位上月缴费额的110%确定应当缴纳数额；用人单位补办申报手续后，由社会保险费征收机构按照规定进行结算。

如用人单位未按时足额缴纳社会保险费，由社会保险费征收机构责令其限期缴纳或补足。用人单位逾期仍未缴纳或补足社会保险费的，社会保险费征收机构可向银行及其他金融机构查询其存款账户；同时可申请县级以上有关行政部门作出划拨社会保险费的决定，书面通知其开户银行或者其他金融机构划拨社会保险费。用人单位账户余额少于应缴纳社会保险费的，社会保险费征收机构可要求该用人单位提供担保，签订延期缴费协议。用人单位未足额缴纳社会保险费且未提供担保的，社会保险费征收机构可申请人民法院扣押、查封、拍卖其价值相当于应当缴纳社会保险费的财产，以拍卖所得抵缴社会保险费。

此外，未按时足额缴纳社会保险费的用人单位还将面临自欠缴之日起按日加收万分之五的滞纳金的风险，如逾期仍不缴纳，由有关行政部门处欠缴数额一倍以上三倍以下的罚款。

第六节　商业秘密和竞业限制

一、商业秘密定义

目前，公认的对商业秘密的定义是《中华人民共和国反不正当竞争法》第九条，商业秘密是不为公众所知悉，能为权利人带来经济利益，具有实用性并经权利人采取保密措施的技术信息和经营信息。

技术信息主要包括技术设计、程序、质量控制、应用试验、工艺流程、设计图纸（含草图）、工业配方、制作工艺、制作方法、试验方式和试验记录等。

经营信息主要包括管理方案、管理诀窍、客户名单、货源情报、产销策略、投融资计划、标书、标底等方面的信息。

二、商业秘密的保密措施

商业秘密的构成要件之一是商业秘密权利人或合法持有人是否采取了与商业秘密信息相适应的合理的保密措施。商业秘密权利人或合法持有人应当根据所涉信息载体的特性、权利人保密的意愿、保密措施的可识别程度、他人通过正当方式获得的难易程度等因素采取保密措施。

最高人民法院《关于审理不正当竞争民事案件应用法律若干问题的解释》第十一条确定了保密措施的方式、方法。

具有下列情形之一，在正常情况下足以防止涉密信息泄漏的，应当认定权利人采取了保密措施：

（1）限定涉密信息的知悉范围，只对必须知悉的相关人员告知其内容；

（2）对于涉密信息载体采取加锁等防范措施；

（3）在涉密信息的载体上标有保密标志；

（4）对于涉密信息采用密码或者代码等；

（5）签订保密协议；

（6）对于涉密的机器、厂房、车间等场所限制来访者或者提出保密要求；

（7）确保信息秘密的其他合理措施。

采取合理的保密措施，虽然不能完全杜绝商业秘密泄露事件，但是可以有效降低商业秘密泄露的几率。

三、商业秘密制度的建立

商业秘密的保护是从创意、立项开始的，整个研发过程都需要采取保密措施，仅仅在形成成果后对成果进行保护，可能导致商业秘密因环节疏漏而丧失秘密性。因此，企业建立健全的商业秘密制度至关重要。商业秘密制度的建立包括以下内容：

（1）划定现有商业秘密的范围和内容，确定商业秘密划分的标准；

（2）明确商业秘密管理和执行部门及各部门之间的分工和职责；

（3）制定密级的标准和保密时间；

（4）指定合理的商业秘密的使用、保管等规则；

（5）明确商业秘密的权利归属。

四、竞业限制问题

用人单位可以与知悉或接触商业秘密的高级管理人员、高级技术人员或其他负有保密义务的员工签订竞业限制协议。竞业限制的范围、地域、期限由用人单位与劳动者约定，竞业限制的约定不得违反法律、法规的规定。在解除或者终止劳动合同后，前述规定的竞业限制人员到与本单位生产或者经营同类产品、从事同类业务的有竞争关系的其他用人单位工作，或者自己开业生产或者经营同类产品、从事同类业务，其竞业限制期限不得超过二年。

用人单位应当给予该员工一定数额的经济补偿，在竞业限制期限内按月给付该员工补偿金。该员工违反竞业限制约定的，应当按照约定向用人单位支付违约金。

第七节　解除、终止劳动合同

一、解除和终止劳动关系的方式

劳动合同的解除和终止方式在《劳动合同法》第四章、《劳动合同法实施条例》第三章有明确的规定，劳动合同的解除和终止意味着用人单位有可能需要支付一定的经济补偿金和赔偿金，对用工成本起着较大的影响，因此需要对此项内容有较深的了解。

1.协商解除劳动合同

根据《劳动合同法》第三十六条的规定，用人单位与劳动者协商一致，可以解除劳动合同。

实践中，协议解除是最普遍、最常见，也是最高效的解除劳动合同的方式。

2.劳动者单方解除劳动合同

根据《劳动合同法》第三十七条的规定，劳动者提前三十日以书面形式通知用人单位，可以解除劳动合同。劳动者在试用期内提前三日通知用人单位，可以解除劳动合同。

该条款约定了劳动者单方解除合同的方式，劳动者通知用人单位解除劳动合同的，只要依规定通知即可，不需要经过用人单位的批准和同意。除了正常的劳动者离职外，当用人单位存在违法行为时，劳动者可以立即要求解除合同，且不需要事先告知用人单位。

根据《劳动合同法》第三十八条的规定，用人单位有下列情形之一的，劳动者可以解除劳动合同：

（1）未按照劳动合同约定提供劳动保护或者劳动条件的；

（2）未及时足额支付劳动报酬的；

（3）未依法为劳动者缴纳社会保险费的；

（4）用人单位的规章制度违反法律、法规的规定，损害劳动者权益的；

（5）因本法第二十六条第一款规定的情形致使劳动合同无效的；

（6）法律、行政法规规定劳动者可以解除劳动合同的其他情形。

用人单位以暴力、威胁或者非法限制人身自由的手段强迫劳动者劳动的，或者用人单位违章指挥、强令冒险作业危及劳动者人身安全的，劳动者可以立即解除劳动合同，不需事先告知用人单位。

在《劳动合同法》的基础上，《劳动合同法实施条例》第十八条作出了综合性的规定，有下列情形之一的，依照劳动合同法规定的条件、程序，劳动者可以与用人单位解除固定期限劳动合同、无固定期限劳动合同或者以完成一定工作任务为期限的劳动合同：

（1）劳动者与用人单位协商一致的；

（2）劳动者提前三十日以书面形式通知用人单位的；

（3）劳动者在试用期内提前三日通知用人单位的；

（4）用人单位未按照劳动合同约定提供劳动保护或者劳动条件的；

（5）用人单位未及时足额支付劳动报酬的；

（6）用人单位未依法为劳动者缴纳社会保险费的；

（7）用人单位的规章制度违反法律、法规的规定，损害劳动者权益的；

（8）用人单位以欺诈、胁迫的手段或者乘人之危，使劳动者在违背真实意思的情况下订立或者变更劳动合同的；

（9）用人单位在劳动合同中免除自己的法定责任、排除劳动者权利的；

（10）用人单位违反法律、行政法规强制性规定的；

（11）用人单位以暴力、威胁或者非法限制人身自由的手段强迫劳动者劳动的；

（12）用人单位违章指挥、强令冒险作业危及劳动者人身安全的；

（13）法律、行政法规规定劳动者可以解除劳动合同的其他情形。

3.用人单位单方解除劳动合同

用人单位拟与劳动者解除劳动合同的，根据劳动者有无过失进行区别。

根据《劳动合同法》第三十九条的规定，劳动者有下列情形之一的，用人单位可以解除劳动合同：

（1）在试用期间被证明不符合录用条件的；

（2）严重违反用人单位的规章制度的；

（3）严重失职，营私舞弊，给用人单位造成重大损害的；

（4）劳动者同时与其他用人单位建立劳动关系，对完成本单位的工作任务造成严重影响，或者经用人单位提出，拒不改正的；

（5）因本法第二十六条第一款第一项规定的情形致使劳动合同无效的；

（6）被依法追究刑事责任的。

当劳动者存在以上几种情形时，用人单位可以向劳动者发出解除劳动合同的通知，且不需要经过提前三十日通知。

同时，《劳动合同法》第四十条也规定了劳动者无过错但用人单位主动辞退的情形，有下列情形之一的，用人单位提前三十日以书面形式通知劳动者本人或者额外支付劳动者一个月工资后，可以解除劳动合同：

（1）劳动者患病或者非因工负伤，在规定的医疗期满后不能从事原工作，也不能从事由用人单位另行安排的工作的；

（2）劳动者不能胜任工作，经过培训或者调整工作岗位，仍不能胜任工作的；

（3）劳动合同订立时所依据的客观情况发生重大变化，致使劳动合同无法履行，经用人单位与劳动者协商，未能就变更劳动合同内容达成协议的。

在以上所列的情况下，用人单位需提前三十日向劳动者发出书面通知，若没有提前三十日发出通知的，则需额外支付一个月工资后再解除劳动合同。

除了以上情况能与劳动者解除劳动合同外，也存在一些不允许用人单位解除劳动合同的特殊情况，根据《劳动合同法》第四十二条的规定，劳动者有下列情形之一的，用人单位不得依照本法第四十条、第四十一条的规定解除劳动合同：

（1）从事接触职业病危害作业的劳动者未进行离岗前职业健康检查，或者疑似职业病病人在诊断或者医学观察期间的；

（2）在本单位患职业病或者因工负伤并被确认丧失或者部分丧失劳动能力的；

（3）患病或者非因工负伤，在规定的医疗期内的；

（4）女职工在孕期、产期、哺乳期的；

（5）在本单位连续工作满十五年，且距法定退休年龄不足五年的；

（6）法律、行政法规规定的其他情形。

以上条文的规定主要是为了维护劳动者中相对弱势方的利益，用人单位在用工中应注意以上情况，劳动者存在以上情形的，不应随意辞退，否则将出现因非法辞退员工而支付赔偿金等问题。

在《劳动合同法》的基础上，《劳动合同法实施条例》第十九条进一步对用人单位与劳动者解除劳动合同进行了约定。具体规定为，有下列情形之一的，依照劳动合同法规定的条件、程序，用人单位可以与劳动者解除固定期限劳动合同、无固定期限劳动合同或者以完成一定工作任务为期限的劳动合同：

（1）用人单位与劳动者协商一致的；

（2）劳动者在试用期间被证明不符合录用条件的；

（3）劳动者严重违反用人单位的规章制度的；

（4）劳动者严重失职，营私舞弊，给用人单位造成重大损害的；

（5）劳动者同时与其他用人单位建立劳动关系，对完成本单位的工作任务造成严重影响，或者经用人单位提出，拒不改正的；

（6）劳动者以欺诈、胁迫的手段或者乘人之危，使用人单位在违背真实意思的情况下订立或者变更劳动合同的；

（7）劳动者被依法追究刑事责任的；

（8）劳动者患病或者非因工负伤，在规定的医疗期满后不能从事原工作，也不能从事由用人单位另行安排的工作的；

（9）劳动者不能胜任工作，经过培训或者调整工作岗位，仍不能胜任工作的；

（10）劳动合同订立时所依据的客观情况发生重大变化，致使劳动合同无法履行，经用人单位与劳动者协商，未能就变更劳动合同内容达成协议的；

（11）用人单位依照企业破产法规定进行重整的；

（12）用人单位生产经营发生严重困难的；

（13）企业转产、重大技术革新或者经营方式调整，经变更劳动合同后，仍需裁减人员的；

（14）其他因劳动合同订立时所依据的客观经济情况发生重大变化，致使劳动合同无法履行的。

二、劳动合同终止

根据《劳动合同法》第四十四条的规定，有下列情形之一的，劳动合同终止：

（1）劳动合同期满的；

（2）劳动者开始依法享受基本养老保险待遇的；

（3）劳动者死亡，或者被人民法院宣告死亡或者宣告失踪的；

（4）用人单位被依法宣告破产的；

（5）用人单位被吊销营业执照、责令关闭、撤销或者用人单位决定提前解散的；

（6）法律、行政法规规定的其他情形。

根据《劳动合同法实施条例》第二十一条的规定，劳动者达到法定退休年龄的，劳动合同终止。

三、经济补偿金的计算方式

经济补偿金是在劳动合同解除或终止后，用人单位依法一次性支付给劳动者的经济上的补助。用人单位在解除劳动合同后需向劳动者支付经济补偿金的情形在《劳动合同法》第四十六条有明确的规定，有下列情形之一的，用人单位应当向劳动者支付经济补偿：

（1）劳动者依照本法第三十八条规定解除劳动合同的；

（2）用人单位依照本法第三十六条规定向劳动者提出解除劳动合同并与劳动者协商一致解除劳动合同的；

（3）用人单位依照本法第四十条规定解除劳动合同的；

（4）用人单位依照本法第四十一条第一款规定解除劳动合同的；

（5）除用人单位维持或者提高劳动合同约定条件续订劳动合同，劳动者不同意续订的情形外，依照本法第四十四条第一项规定终止固定期限劳动合同的；

（6）依照本法第四十四条第四项、第五项规定终止劳动合同的；

（7）法律、行政法规规定的其他情形。

当出现以上情形时，用人单位需根据规定向劳动者支付经济补偿金。

同时，《劳动合同法》第四十七条规定了经济补偿金的补偿标准，经济补偿按劳动者在本单位工作的年限，每满一年支付一个月工资的标准向劳动者支付。六个月以上不满一年的，按一年计算；不满六个月的，向劳动者支付半个月工资的经济补偿。

劳动者月工资高于用人单位所在直辖市、设区的市级人民政府公布的本地区上年度职工月平均工资三倍的，向其支付经济补偿的标准按职工月平均工资三倍的数额支付，向其支付经济补偿的年限最高不超过十二年。

本条所称月工资是指劳动者在劳动合同解除或者终止前十二个月的平均工资。

在实践中，我们经常能听到"N""N＋1"的表述，结合上述所介绍的条文，N即是根据工作年限所确定的补偿月份数，而N＋1指的根据《劳动合同法》第四十条规定，用人单位可以提前三十日书面通知解除劳动合同，也可以额外支付一个月工资后解除劳动合同，这里多支付的一个月也叫作"代通知金"，即用额外支付的一个月工资来代替通知的意思。

四、违法解除劳动合同的法律责任

违法解除劳动合同有三种情形：（1）法律明确规定不得解除劳动合同但用人单位强制解除的，《劳动合同法》第四十二条规定了不得强制解除的情形；（2）用人单位在法律规定的条件未满足时即解除劳动合同的，如未满足《劳动合同法》第三十九条、第四十条、第四十一条所规定的情形即解除劳动合同的；（3）用人单位解除劳动合同的程序不符合法律规定的，如未按照《劳动合同法》第四十条、第四十一条规定解除的。

以上情形均可以视为用人单位违法解除劳动合同。在此情况下，根据《劳动合同法》第四十八条的规定，用人单位违反本法规定解除或者终止劳动合同，劳动者要求继续履行劳动合同的，用人单位应当继续履行；劳动者不要求继续履行劳动合同或者劳动合同已经不能继续履行的，用人单位应当依照本法第八十七条规定支付赔偿金。同时，《劳动法》第九十八条规定，用人单位违反本法规定的条件解除劳动合同或者故意拖延不订立劳动合同的，由劳动行政部门责令改正；对劳动者造成损害的，应当承担赔偿责任。

《劳动合同法》第八十七条规定，用人单位违反本法规定解除或者终止劳动合同的，应当依照本法第四十七条规定的经济补偿标准的二倍向劳动者支付赔偿金。因此，违法解除劳动合同最直接的法律责任即为以经济补偿标准的二倍支付赔偿金。

因违法解除劳动合同而导致支付赔偿金的案例在实践中非常多，且一个员工提起赔偿后往往会引发一连串效应，大大增加了用人单位的支出和成本。因此，用工合规是企业经营的重要环节。

五、离职手续办理

离职手续指的是用人单位的人力资源部门需要为离职职工办理的停止缴纳社保、解除劳动关系备案、解除劳动合同等手续，是用人单位人力资源管理的重要事项。根据《劳动合同法》第五十条的规定，用人单位应当在解除或者终止劳动合同时出具解除或者终止劳动合同的证明，并在十五日内为劳动者办理档案和社会保险关系转移手续。

　　劳动者应当按照双方约定，办理工作交接。用人单位依照本法有关规定应当向劳动者支付经济补偿的，在办结工作交接时支付。

　　用人单位对已经解除或者终止的劳动合同的文本，至少保存二年备查。

　　从以上条文也可以看出离职手续的一些内容，首先要做好离职员工的工作交接，将工作有关的资料、工具、电脑等交接完成，确保用人单位的资料及涉及的商业秘密不外传；若员工为核心技术人员，视岗位和职务决定，是否与离职员工签订竞业限制协议。

　　其次，要做好财物核算工作，将未结工资等核算清楚，为保证不因离职而发生劳资纠纷，建议用人单位备好《离职交接确认书》，载明已和劳动者结清包括工资、奖金等的财务事项，确认已无任何经济纠纷，并双方签字确认，留存备用。

　　另外，在员工办妥单位内部离职手续后，应尽快配合其办理社保和档案关系的转移，并将离职证明等材料办妥后交与劳动者。

第八节　劳动争议解决

　　根据我国劳动方面的法律、法规、规章及相关司法解释，目前我国的劳动争议解决方式可以概括为"一调一裁两审"模式，即劳动争议发生后，当事人除进行协商外，还可以申请劳动调解；若当事人不愿调解、调解不成或者达成调解协议后不履行的，可以向劳动争议仲裁委员会申请仲裁；若对仲裁裁决不服的，可以向人民法院提起诉讼，诉讼程序按照民事诉讼法的规定，实行两审终审制。在"一调一裁两审"模式中，仲裁为诉讼的一个前置程序，不经仲裁，当事人不能直接向人民法院提起诉讼。

解决劳动争议，应当根据事实，遵循合法、公正、及时、着重调解的原则，依法保护当事人的合法权益。

一、劳动争议调解制度

劳动争议的调解是指在劳动争议调解委员会的主持下，在双方当事人自愿的基础上，通过宣传法律法规、规章和政策，劝导当事人化解矛盾，自愿就争议事项达成协议，使劳动争议及时得到解决的一种活动。

1.劳动争议调解组织

《劳动法》第七十九条、第八十条规定，劳动争议的调解机构是企业内部的劳动争议调解委员会，而《劳动争议调解仲裁法》第十条将劳动争议的调解组织扩大到三类：企业劳动争议调解委员会、依法设立的基层人民调解组织及在乡镇、街道设立的具有劳动争议调解职能的组织。

在人员组成方面，企业劳动争议调解委员会由职工代表和企业代表两方面组成，职工代表由工会成员担任或由全体职工推举产生，企业代表由企业负责人指定。此外，《劳动争议调解仲裁法》第十一条还明确规定了担任调解员的条件，即"调解员应当由公道正派、联系群众、热心调解工作，并具有一定法律知识、政策水平和文化水平的成年公民担任"。

2.劳动争议调解程序

依据《劳动争议调解仲裁法》《企业劳动争议协商调解规定》及《劳动人事争议仲裁办案规则》的相关规定，劳动争议调解程序主要包括争议当事人申请、调解委员会受理、调解委员会调解及制作调解协议书四个环节。

（1）争议当事人申请

劳动争议当事人依据自己的意愿向法定的调解组织提出调解劳动争议的请求。这种请求的形式既可以是书面的，也可以是口头的，口头申请的，调解组织应当当场记录申请人基本情况、申请调解的争议事项、理由和时间。

（2）调解委员会受理

调解委员会接到当事人的调解申请后，对属于劳动争议受理范围并且双方当事人都同意进行调解的，应当在三个工作日内受理。对不属于劳动争议受理范围或者一方当事人不同意调解的，应当做好记录，并书面通知调解申请人。

（3）调解委员会调解

劳动争议的调解一般采取非公开的方式进行，调解委员会应当指定调解员或调解小组在充分、全面听取争议当事人对事实和理由的陈述后，给予耐心、细致的说服疏导，并在此基础上帮助当事人达成调解协议。调解委员会调解劳动争议，应当自受理调解申请之日起十五日内结束，但双方当事人同意延期的可以延长。

（4）制作调解协议书

经调解委员会调解达成协议的，应当制作调解协议书；若在规定的调解期限内未达成调解协议的，则视为调解不成。

3.劳动争议调解协议书的法律效力

劳动争议调解协议书的生效形式要件为"双方当事人签名或者盖章，并经调解员签名并加盖调解组织印章"。生效后的调解协议书对双方当事人均有约束力，当事人应当履行。

劳动双方当事人可以自调解协议生效之日起十五日内共同向仲裁委员会提出仲裁审查申请。仲裁委员会受理后，应当对调解协议进行审查，并根据《劳动人事争议仲裁办案规则》第七十七条的规定，对程序和内容合法有效的调解协议，出具调解书。若双方当事人未提出仲裁审查申请，一方当事人在约定的期限内不履行调解协议的，另一方当事人可以依法申请仲裁。仲裁委员会受理仲裁申请后，应当对调解协议进行审查，调解协议合法有效且不损害公共利益或者第三人合法权益的，在没有新证据出现的情况下，仲裁委员会可以依据调解协议作出仲裁裁决。

此外，若因支付拖欠劳动报酬、工伤医疗费、经济补偿或者赔偿金等以金钱给付为内容的争议事项达成调解协议，用人单位在协议约定期限内不履行的，劳动者可以持调解协议书向人民法院申请支付令。人民法院应当依法发出支付令。

另外，需要提醒注意的是，劳动争议调解组织主持下达成的调解协议与劳动争议仲裁委员会主持下达成的调解协议的法律效力是不同的。因此，同样是调解协议不被履行的情况，处理方法各不相同。依据《劳动争议调解仲裁法》第五十一条的规定，逾期不履行发生法律效力的劳动争议仲裁委员会的调解书的，另一方当事人可以直接向人民法院申请强制执行。

调解程序是一个自愿程序，当事人不愿调解的，可以直接向劳动争议仲裁委员会申请仲裁。如果自劳动争议调解组织收到调解申请之日起十五日内没有达成调解协议，或者达成调解协议后在协议约定的期限内，一方当事人不履行的，另一方当事人可以向劳动争议仲裁委员会申请仲裁。

二、劳动争议仲裁制度

1.劳动争议概念

劳动争议仲裁是指劳动争议仲裁委员会根据当事人的申请，依法对劳动争议在事实上作出判断、在权利义务上作出裁决的一种法律制度。

2.劳动争议仲裁机构

《劳动争议调解仲裁法》《劳动人事争议仲裁组织规则》对劳动争议仲裁机构及相关内容做出了具体规定。

第一，明确劳动争议仲裁机构是劳动人事争议仲裁委员会（以下简称仲裁委员会）。仲裁委员会由人民政府依照"统筹规划、合理布局和适应实际需要"的原则设立，经费由财政保障。仲裁委员会由劳动行政部门代表、工会代表和企业方面代表组成，组成人员应为单数。仲裁委员会设主任一名（由行政部门代表担任），副主任和委员若干名。仲裁委员会每年至少召开两次全体会议，仲裁委员会的决定实行少数服从多数原则。仲裁委员会处理劳动争议案件实行仲裁庭制度，劳动争议由劳动合同履行地或者用人单位所在地的仲裁委员会管辖。

第二，劳动争议仲裁实行"一案一庭制"。处理劳动争议分为独任仲裁和仲裁庭仲裁两种模式，处理以下争议案件应当由三名仲裁员组成仲裁庭，设首席仲裁员：（1）十人以上并有共同请求的争议案件；（2）履行集体合同发生的争议案件；（3）有重大影响或者疑难复杂的争议案件；（4）仲裁委员会认为应当由三名仲裁员组庭处理的其他争议案件。其他简单的劳动争议案件则可由一名仲裁员独任仲裁。

第三，仲裁员由仲裁委员会聘任，应公道正派并符合以下条件之一：（1）曾任审判员；（2）从事法律研究、教学工作并具有中级以上职称；（3）具有法律知识、从事人力资源管理或者工会等专业工作满五年；（4）律师执业满三年。仲裁员分为专职与兼职两类，皆具有"依法调解和仲裁争议案件以及法律法规规定的其他职责"两项法定职责。

3.劳动争议仲裁程序

劳动争议仲裁程序分为申请、受理、开庭及裁决四个环节。

（1）申请。劳动争议当事人申请仲裁的时效期为一年，自当事人知道或应当知道其权利被侵害之日起计算。申请仲裁应当提交书面申请，书写确有困难的，可口头申请并由仲裁委员会记入笔录。申请书中应载明当事人信息、仲裁请求及事实、理由、证据等事项。

（2）受理或不予受理。劳动争议仲裁委员会收到仲裁申请之日起五日内，认为符合受理条件的，应当受理，并通知申请人；认为不符合受理条件的，应当书面通知申请人不予受理，并说明理由。对仲裁委员会不予受理或者逾期未做出决定的，申请人可以就该争议事项向人民法院起诉。

（3）开庭。仲裁庭应当在开庭五日前，将开庭日期、地点书面通知争议当事人，仲裁申请人收到书面通知，无正当理由拒不到庭或未经仲裁庭同意就中途退庭的，可以视为撤回仲裁申请。当事人在仲裁过程中有权进行质证和辩论，当事人提供的证据经查证属实的，仲裁庭应当将其作为认定事实的根据。

（4）裁决。仲裁庭在作出裁决前，应当先行调解。仲裁庭裁决劳动争议案件，应当自仲裁委员会受理仲裁申请之日起四十五日内结束；案情复杂需要延期的，经仲裁委员会主任批准，可以延期并书面通知当事人，但延长期限不得超过十五日。仲裁裁决应当按照多数仲裁员的意见做出，不能形成多数意见时，裁决应当按照首席仲裁员的意见做出。裁决书应载明仲裁请求、争议事实、裁决理由、裁决结果和日期，由仲裁员签名并加盖仲裁委员会印章。

4.劳动争议仲裁裁决的生效及其效力

劳动争议仲裁裁决的生效，采取"有条件的一裁终局"模式，即在符合法定条件的情况下，仲裁委员会的裁决自作出之日起发生法律效力，当事人不得就同一事项再向仲裁委员会申请仲裁或向人民法院起诉，而应当依照规定的期限履行。除此之外的其他劳动争议案件，当事人对仲裁裁决不服的，可以自收到仲裁裁决书之日起十五日内向人民法院提起诉讼；期满不起诉的，裁决书发生法律效力。

《劳动争议调解仲裁法》第四十七条规定，下列两种仲裁裁决为终局裁决：（1）追索劳动报酬、工伤医疗费、经济补偿或者赔偿金，不超过当地月最低工资标准十二个月金额的争议；（2）因执行国家的劳动标准在工作时间、休息休假、社会保险等方面发生的争议。劳动者不服本法第四十七条规定的仲裁裁决的，可以自收到仲裁裁决书之日起十五日内向人民法院提起诉讼；用人单位根据法律规定的条件可以自收到仲裁裁决书之日起三十日内向劳动争议仲裁委员会所在地的中级人民法院申请撤销裁决。

对于由仲裁委员会作出的依法生效的调解书、裁决书，争议双方当事人皆应依其内容履行。若有一方不履行，另一方可向人民法院申请强制执行。

三、劳动争议诉讼制度

劳动争议诉讼，就是争议当事人将劳动争议事项交由法院通过诉讼的方式予以解决的一种司法活动，适用《民事诉讼法》规定的基本诉讼原则和诉讼程序。

1.劳动争议诉讼的起诉与受理

劳动争议当事人向法院提起诉讼必须符合以下法定条件：（1）原告必须是劳动争议案件的当事人，即发生争议案件的用人单位和劳动者；（2）起诉的劳动争议事项必须已经过劳动仲裁程序；（3）必须有明确的被告、具体的诉讼请求和事实依据；（4）必须在收到仲裁裁决之日起十五日内提起诉讼；（5）当事人起诉应当向对案件作出仲裁裁定的仲裁委员会所在的人民法院提出。人民法院经审查符合上述条件的，应自收到起诉书之日起七日内做出受理决定。

2.劳动争议案件的审判与执行

人民法院做出受理决定后，按照民事诉讼的基本原则制度和程序对案件进行审理。人民法院审理劳动争议案件一般按照普通程序进行，并对当事人争议事项进行调解。调解不成的，依法做出判决。诉讼采用两审终审制，若当事人对一审判决不服，可自判决书送达之日起十五日内向上一级人民法院提起上诉。若当事人对一审或二审的生效判决仍存异议，可以向人民法院申请再审。

人民法院对劳动争议案件作出的调解书、裁定书及判决书生效以后，当事人则应当在规定的期限内履行。一方当事人若逾期仍不履行的，另一方当事人可以申请人民法院强制执行。通常情况下，劳动争议案件应当在仲裁委员会作出的仲裁裁决生效后才能申请执行。但在特殊情况下，如果等待裁决生效后再执行会对当事人的生活造成严重后果，当事人可以向仲裁委员会申请先予执行。

根据《劳动争议调解仲裁法》的规定，仲裁庭对于追索劳动报酬、工伤医疗费、经济补偿或赔偿金的案件，根据当事人的申请，可以裁决先予执行，移送人民法院执行。仲裁庭裁决先予执行的，应当符合以下条件：（1）当事人之间权利义务关系明确；（2）不先予执行将严重影响申请人的生活。劳动者申请先予执行的，可以不提供担保。

因此，当事人申请先予执行的，应当向仲裁委员会提出，仲裁委员会按照法律规定的条件进行审查，认为事实清楚、责任明确，不先予执行会影响当事人生活保障或延误病情及时治疗的，可以作出先予执行裁决书。如果当事人对先予执行的裁定不服，可以申请复议一次，复议期间不停止裁定的执行。

第四章

快递企业行政合规

第一节　快递服务

为有效促进快递服务高质量发展、保障快递用户合法权益，我国相关法律法规对企业经营快递业务进行了规范，主要包括以下几个方面：（1）收寄提示告知与交寄声明；（2）实名收寄制度；（3）节假日快递服务；（4）合规处理和运输快件；（5）快件投递和验收；（6）无法投递快件处理；（7）快件损失赔偿；（8）快递服务查询和投诉、停止和暂停快递服务等。

一、收寄提示告知与交寄声明

经营快递业务的企业在寄件人填写快递运单前，应当提醒其阅读快递服务合同条款、遵守禁止寄递和限制寄递物品的有关规定，告知相关保价规则和保险服务项目。

寄件人交寄贵重物品的，应当事先声明；经营快递业务的企业应当提示寄件人对贵重物品予以保价。

1.收寄提示告知

（1）应当提醒寄件人阅读快递服务合同条款

快递服务合同是确定经营快递业务的企业与用户之间权利、义务关系的协议。实践中，快递服务合同条款大部分属于格式条款，对于服务合同中限制或者免除经营者责任的条款（如赔偿约定、免责声明、保价及保险等），经营快递业务的企业应当以合理的方式履行提示义务。

如果一方提供的格式条款中存在免除或者限制其责任的内容，那么在订立合同时应在文字、符号、字体等方面采用足以引起对方注意的特别标识，并对格式条款予以说明。

经营快递业务的企业应当使用黑体、加粗字体等特殊字体或以特殊的颜色、字号以及下划线等方式对限制或者免除经营者责任的条款进行特别标识。

（2）应当提示寄件人遵守禁止寄递和限制寄递物品的有关规定

由国家邮政局、公安部、国家安全部等部门联合发布的《禁止寄递物品管理规定》（国邮发〔2016〕107号）对禁寄物品作了具体规定，国务院有关部门对限寄物品也作了相应规定。

根据《禁止寄递物品管理规定》所附《禁止寄递物品指导目录》，枪支（含仿制品、主要零部件）弹药，管制器具，爆炸物品，压缩和液化气体及其容器，易燃液体，易燃固体、自燃物质、遇水易燃物质，氧化剂和过氧化物，毒性物质，生化制品、传染性、感染性物质，放射性物质，腐蚀性物质，毒品及吸毒工具、非正当用途麻醉药品和精神药品、非正当用途的易制毒化学品，非法出版物、印刷品、音像制品等宣传品，间谍专用器材，非法伪造物品，侵犯知识产权和假冒伪劣物品，濒危野生动物及其制品，禁止进出境物品及其他物品等这十九类物品禁止寄递。

（3）应当告知寄件人相关保价规则和保险服务项目

保价条款属于违约责任条款，快件发生损失后，系已保价的快件，赔偿责任按照经营快递业务的企业与寄件人约定的保价规则进行确定。

收寄快件时，经营快递业务的企业应该告知寄件人关于快递服务的保价规则，另外还应告知快递保险服务的有关情况。

2.寄件人应当履行贵重物品声明义务

实践中，如寄件人交寄的贵重物品发生丢失、损毁后，双方一般会对赔偿数额产生较大的争议。"寄件人交寄贵重物品的，应当事先声明"这一规定可以有效减少争议，维护用户和经营快递业务的企业的合法权益。

二、实名收寄制度

寄件人交寄快件，应当如实提供寄件人、收件人、寄递物品的信息。其中，寄件人和收件人信息包括寄件人或收件人的姓名、地址、联系电话等信息，寄递物品信息包括物品名称、性质、数量等信息。

除了已签订安全协议用户交寄的快件外，经营快递业务的企业在收寄快件时，应当查验寄件人身份并登记身份信息。但需要注意的是，除姓名（名称）、地址、联系电话这些信息外，经营快递业务的企业不得在快递运单上记录其他用户身份信息。对于寄件人拒绝提供身份信息或者提供身份信息不实的快件，经营快递业务的企业不得收寄。

实名收寄是维护国家安全、社会公共安全和人民生命财产安全的重要措施，经营快递业务的企业和寄件人均应当遵守该项规定。

《邮件快件实名收寄管理办法》于2018年10月22日由交通运输部公布施行。根据《邮件快件实名收寄管理办法》的规定，寄件人交寄邮件、快件时，应当出示本人有效身份证件，如实填写寄递详情单。寄件人交寄信件以外的邮件、快件时，拒绝出示有效身份证件，或者拒绝寄递企业登记身份信息的，寄递企业不得为其提供收寄服务。寄递企业实名收寄操作不规范或者不执行实名收寄制度，将承担相应的法律责任。

《邮件快件实名收寄管理办法》特别强化了寄递企业保障用户信息安全的义务，并明确了在执行实名收寄过程中泄露用户身份信息应承担的法律责任。该办法强调，寄递企业应当建立健全信息安全保障制度，采取必要防护措施，防止信息泄露、毁损、丢失。寄递企业及其从业人员应当对提供寄递服务过程中获取的用户身份信息严格保密，不得出售、泄露或者非法提供寄递服务过程中知悉的用户信息。

三、节假日快递服务

经营快递业务的企业可以在节假日期间根据业务量变化实际情况，为用户提供正常的快递服务。

国家鼓励快递企业在节假日期间向社会公众提供正常的快递服务。这是市场经济环境下政府对快递行业的正确引导，也是广大民众的实际需求。

快递企业应将节假日提供快递服务情况如实告知社会公众，不做不实宣传。

四、合规处理与运输快件

经营快递业务的企业应当规范操作，防止造成快件损毁。法律法规对食品、药品等特定物品的运输有特殊规定的（如食品、药品等物品运输），寄件人、经营快递业务的企业应当遵守相关规定。

1.经营快递业务的企业应当规范操作，防止造成快件损毁

暴力分拣、野蛮装卸等以危险方法处理快件的行为严重侵害消费者合法权益，已经成为社会民众广泛关注的问题，由此引发的投诉和社会批评较多。因此，经营快递业务的企业应当严格规范操作，防止快件损毁。

快递企业应当在快件装卸、分拣等环节按照快递服务国家标准做好安全生产操作工作。

根据《快递安全生产操作规范（YZ 0149—2015）》，装卸和分拣环节的操作要求如下。

（1）装卸

快件装卸和卸载时，应遵循"大不压小、重不压轻、分类摆放"的装卸原则，还应满足以下要求：

① 装卸快件不应超出车辆核定载重；

② 装载和卸载快件期间，车辆应熄火，拉紧驻车制动；

③ 装载完成后，应对车厢进行安全检查，确定工作人员及装卸设备撤离车厢，锁闭车门并进行封车操作，确保运输途中不被随意打开；

④ 卸载时，车辆应服从作业现场管理人员指挥，按照要求停靠于指定位置，车辆经过驾驶员与现场管理人员共同验证封签完好后，开启车门；

⑤ 普通快件在脱手的时候，离摆放快件接触面之间的距离不应超过30 cm，如果是易碎件则不应超过10 cm。

（2）分拣

分拣的基本要求为：

① 应准确分拣；

② 宜设置大件操作区；

③ 易碎品等特殊物品应单独码放；

④ 小件物品及文件类快件，不宜直接接触地面；

⑤ 3 kg以下快件宜建包；

⑥ 超重、超长、超大快件宜使用设备辅助操作。

（3）人工操作

人工操作应满足以下要求：

① 普通快件在脱手的时候，离摆放快件接触面之间的距离不应超过30 cm，如果是易碎件则不应超过10 cm。

② 在光线较弱、车辆较多的情况下，操作人员服装应加反光条，确保人身安全。

（4）机器操作

机器操作应满足以下要求：

① 机器设备应专人操作，且操作应符合机器的技术指标和操作要求；

② 不应跨越、踩踏机器，不应在机器上走动；

③ 操作完毕后，操作人员应及时关掉设备设施，检查、清理快件，确保人身安全，防止快件遗漏。

2.寄件人、经营快递业务的企业应当遵守特定物品运输规定

法律法规对特定物品的运输有特殊规定的（如食品、药品等物品运输），寄件人、经营快递业务的企业应当遵守相关规定。

比如，根据《中华人民共和国食品安全法》的规定，贮存、运输和装卸食品的容器、工具和设备应当安全、无害，保持清洁，防止食品污染，并符合保证食品安全所需的温度、湿度等特殊要求，不得将食品与有毒、有害物品一同贮存、运输。

根据《关于加强邮件、快件寄递安全管理工作的若干意见》（中综办〔2014〕24号）规定，对禁寄物品以外的液态化学品、酒类、工艺刀具、锂电池等特殊物品的寄递，国家邮政管理部门要会同有关部门设置高于快递业务经营许可标准的安全准入条件，在包装、物理隔离、运输等方面提出更高标准要求，实行分类处理、严格监管。

五、快件投递和验收

经营快递业务的企业在投递快件时，应将快件投递到约定的收件地址、收件人或者收件人指定的代收人，同时应告知收件人或者收件人指定的代收人有权当面验收。

1.快件投递以按名址面交为原则，其他投递方式为例外

实践中，经常出现快递员未经收件人同意便将快件放入智能快件箱或

者直接将快件寄交给门卫或者其他人员签收的情况。事实上，该种情形下，经营快递业务的企业已构成违约，如因收件人不知情而造成快件损毁、丢失等情形的，经营快递业务的企业由于存在过错应承担相应的赔偿责任。

经营快递业务的企业应注意以下两点：（1）签收快件环节，快递人员应对收件人的身份进行核实，确保快件不被"冒领"；（2）如收件人同意他人代收的，快递人员应当核实代收人的身份，并告知代收人相关的权利义务。

使用智能快件箱投递应做好以下工作：（1）投递至智能快件箱的，应取得收件人同意；（2）特定物品不能投放至智能快件箱，比如外包装破损的快件、快递运单上标注为易碎品的快件等；（3）提示收件人从智能快件箱中取出快件时即为签收快件，并提示其验收事项。

2.投递快件时的企业告知义务与收件人验收权利

实践中，经常会出现快递员没有告知收件人当面验收快件，从而导致消费者投诉的情况。收件人在接收快件时进行验收，可以明确快件是否存在损毁、丢失、数量短少等异常情形并可以立即提出异议，如无异议的，即表明快件不存在上述情形，经营快递业务的企业寄递义务即告完成。

八、无法投递快件处理

如快件无法投递的，经营快递业务的企业应当：

（1）退回寄件人；

（2）根据寄件人的要求进行处理。

如属于进出境快件的，经营快递业务的企业应当依法办理海关和检验检疫手续。

如快件既无法投递又无法退回的，经营快递业务的企业依照下列规定进行处理：

（1）如属于信件的，自确认无法退回之日起超过6个月无人认领的，由经营快递业务的企业在所在地邮政管理部门的监督下销毁快件；

（2）如属于信件以外的其他快件的，经营快递业务的企业应当登记，并按照国务院邮政管理部门的规定处理快件；

（3）如属于进境快件的，交由海关依法进行处理。

七、快件损失赔偿

对于保价的快件，如出现快件延误、丢失、损毁或者内件短少情况的，赔偿损失责任应当按照经营快递业务的企业与寄件人约定的保价规则予以确定；对于未保价的快件，赔偿责任依照民事法律的有关规定予以确定。

1.保价快件出现丢失、损毁或者内件短少情形的赔偿规则

（1）快件丢失的，经营快递业务的企业按照保价金额进行赔偿；

（2）快件完全损毁的，按照快件丢失进行赔偿；快件发生部分损毁的，以快件丢失赔偿额度为基准，依照快件内件物品丧失价值占该物品总价值的比例进行赔偿。

（3）快件内件短少的，按照保价额与快件物品全部价值的比例对快件的实际损失予以赔偿。

2.未保价快件丢失、损毁或者内件缺少的赔偿规则

根据《中华人民共和国邮政法》第四十七条的规定，未保价的根据邮件丢失、损毁或者内件短少的，按照实际损失赔偿，但最高赔偿额不超过所收取资费的三倍；挂号信件丢失、损毁的，按照所收取资费的三倍予以赔偿。

但上述条款仅适用于邮政普遍服务业务范围，对于快件损失赔偿，应

根据《中华人民共和国邮政法》第四十七条第二款、第五十九条的规定，快件损失赔偿适用民事法律的有关规定。

江苏省高级人民法院提出的未保价快件损失赔偿的裁判标准（审判委员会会议纪要〔2016〕10号）明确：寄件人没有选择保价，快递服务企业对于损失赔偿条款进行提示并特别说明的，快递物品丢失、损毁时，快递服务企业主张按照损失赔偿条款处理的，应予支持。

八、快递服务查询和投诉

经营快递业务的企业应当实行快件寄递全程信息化管理。应向用户提供业务咨询、快件查询等服务，公布联系方式，保证与用户的联络畅通，提高快递服务满意度。

如用户对快递服务质量不满意，可以进行投诉，经营快递业务的企业应在接到投诉后七日内予以处理并告知用户。

九、停止和暂停快递服务

1.停止经营快递业务应当遵守以下行为规范：

（1）经营快递业务的企业停止经营的，应当提前10日向社会公告；

（2）将停止经营情况书面告知邮政管理部门；

（3）将快递业务经营许可证交回；

（4）对于尚未投递的快件依法妥善处理。

2.暂停经营快递业务应当遵守以下行为规范：

（1）及时向邮政管理部门报告；

（2）向社会公告暂停服务的原因和期限；

（3）依法妥善处理尚未投递的快件。

第二节　快递安全

一、禁限寄管理

寄件人在交寄快件时、经营快递业务的企业在收寄快件时，均应当遵守国家关于禁止寄递或者限制寄递物品的规定。

禁止寄递物品的目录及管理办法，由国务院邮政管理部门会同国务院有关部门制定并公布。

1.禁寄物品

国家邮政局、公安部、国家安全部联合发布了《禁止寄递物品管理规定》。《禁止寄递物品指导目录》中包括十九类禁止寄递物品，分别是：

（1）枪支（含仿制品、主要零部件）弹药；

（2）管制器具；

（3）爆炸物品；

（4）压缩和液化气体及其容器；

（5）易燃液体；

（6）易燃固体、自燃物质、遇水易燃物质；

（7）氧化剂和过氧化物；

（8）毒性物质；

（9）生化制品、传染性、感染性物质；

（10）放射性物质；

（11）腐蚀性物质；

（12）毒品及吸毒工具、非正当用途麻醉药品和精神药品、非正当用途的易制毒化学品；

（13）非法出版物、印刷品、音像制品等宣传品；

（14）间谍专用器材；

（15）非法伪造物品；

（16）侵犯知识产权和假冒伪劣物品；

（17）濒危野生动物及其制品；

（18）禁止进出境物品；

（19）其他物品。

2.限寄物品

根据限制措施的不同，限寄物品主要分为以下几类：

（1）限制单个快件的内件物品数量

比如，根据《中华人民共和国烟草专卖法》第二十二条的规定，如邮寄、异地携带烟叶、烟草制品的，不得超过国务院有关主管部门规定的限量。

（2）限制特定物品的寄递手续

比如，根据《麻醉药品和精神药品管理条例》的规定，邮寄麻醉药品和精神药品，寄件人应当提交所在地设区的市级药品监督管理部门出具的准予邮寄证明。邮政营业机构应当查验、收存准予邮寄证明；没有准予邮寄证明的，邮政营业机构不得收寄。根据《中华人民共和国种子法》的规定，运输或者邮寄种子应当依照有关法律、行政法规的规定进行检疫。根据《植物检疫条例》的规定，必须检疫的植物和植物产品，交通运输部门和邮政部门一律凭植物检疫证书承运或收寄。植物检疫证书应随货运寄。

二、收寄验视制度

经营快递业务的企业收寄快件，应当依照《中华人民共和国邮政法》的规定验视内件，验视后应作出验视标识。

如果寄件人拒绝验视的，则经营快递业务的企业不得收寄。

如果经营快递业务的企业接受寄件人委托，为寄件人提供长期、批量快递服务的，应当与寄件人签订安全协议，对双方的安全保障义务予以明确约定。

1.收寄验视

验视用户交寄的快件，应当包含以下内容：

（1）用户填写的快递运单上的内容是否完整、清楚、详细；

（2）用户填报的物品名称、类别、数量是否与交寄的实物相符；

（3）用户交寄的物品及使用的封装材料、填充材料是否属于国家禁止寄递的物品；

（4）用户交寄的限制寄递物品是否超出规定的范围；

（5）用户是否按规定出示有效身份证件、安全证明或其他书面凭证；

（6）快件的封装是否符合寄递安全的需要；

（7）其他需要验视的内容。

经营快递业务的企业接收用户交寄的快件，应当履行下列职责：

（1）当面提醒用户不得交寄国家禁止寄递的物品；

（2）指导用户完整、清楚地填写邮件详情单或快递运单，并提醒用户填报的内容须真实、有效；

（3）当面验视用户交寄的物品及使用的封装材料、填充材料，协助用户按《快递服务》国家标准妥善封装；

（4）验视时发现疑似禁寄物品或不能当场确定安全性的物品的，应当要求用户出具相关专业机构或有关部门开具的安全证明；

（5）验视时发现可能危害国家安全、公共安全的禁寄物品，按有关规定处理并及时报告；

（6）按照规定需要用户出示有效身份证件、安全证明或其他书面凭证的，应当向用户详细说明证件或书面凭证的类别和要求；

（7）在邮件详情单或快递运单上详细注明邮件、快件的重量或尺寸、寄递过程中的注意事项等内容。

2.经营快递业务的企业应当与长期、批量使用快递服务的寄件人签订安全协议

根据国家邮政局印发的《邮件快件寄递协议服务安全管理办法（试行）》（国邮发〔2017〕21号）的规定，经营快递业务的企业在与用户签订安全协议前，应当对其中企业用户的经营范围进行审查，发现企业用户生产、销售的主要产品属于禁止寄递物品的，不得为其提供协议服务。签订安全协议时，用户应当出示可以证明其法人或其他组织身份的证件，以及法人代表或者相关负责人的身份证件，经营快递业务的企业核对后留存证件复印件。经营快递业务的企业应当在安全保障协议中告知协议用户应如实填写寄递信息，包括寄件人、收件人信息和寄递物品信息。

但应当注意的是，安全协议仅是明确经营快递业务的企业与长期、批量使用快递服务的寄件人之间的安全保障义务，并不免除经营快递业务的企业所承担的收寄验视义务，也不免除经营快递业务的企业未履行收寄验视义务应当承担的法律责任。

三、快件安全检查制度

经营快递业务的企业应对快件进行安全检查，安全检查可以自行检查或者委托第三方企业检查。对经过安全检查的快件，经营快递业务的企业应作出安全检查标识。

如委托第三方企业对快件进行安全检查的，经营快递业务的企业不免除委托方对快件安全应承担的责任。

经营快递业务的企业或者接受委托的第三方企业使用的安全检查设备应当符合强制性国家标准，同时应当对安全检查人员加强技术培训和背景审查。

1.经营快递业务的企业依照国家规定对快件进行安全检查

伴随着电子商务行业的快速发展，快递业务量增长迅速，在收寄验视环节必须借助符合国家强制性标准的安检设备对快件进行安全检查才能排除安全隐患。

经营快递业务的企业对快件进行安全检查的范围、程序等要求，应当严格遵守国家有关规定。

2.安全检查设备应当符合强制性的国家标准，并加强对安全检查人员的背景审查和技术培训

只有符合强制性国家标准的安全检查设备，才能确保快件安全检查的实际效果，从而达到安全检查的目的。此外，安全检查人员从事快件安检工作，应具备良好的道德品行和职业技能，因此应加强对安全检查人员的背景审查和技术培训。

四、禁限寄物品处理

对于禁限寄物品，经营快递业务的企业应做以下处理：

（1）发现寄件人交寄的物品属于禁止寄递物品的，应当拒绝收寄；

（2）对于已经收寄的快件中，发现有疑似禁止寄递物品的，应当立即停止分拣、运输和投递；

（3）对快件中依法应当没收、销毁或者可能涉及违法犯罪的物品，应当立即向有关部门报告并配合调查处理；

（4）对其他禁止寄递物品以及限制寄递物品，应当按照法律、行政法规或者国务院和国务院有关主管部门的规定处理。

根据《禁止寄递物品管理规定》（国邮发〔2016〕107号）的规定，寄递企业完成收寄后发现禁寄物品或者疑似禁寄物品的，应当停止发运，立即报告事发地邮政管理部门，并按下列规定处理：

（1）发现各类枪支（含仿制品、主要零部件）、弹药、管制器具等物品的，应当立即报告公安机关；

（2）发现各类毒品、易制毒化学品的，应当立即报告公安机关；

（3）发现各类爆炸品、易燃易爆等危险物品的，应当立即疏散人员、隔离现场，同时报告公安机关；

（4）发现各类放射性、毒害性、腐蚀性、感染性等危险物品的，应当立即疏散人员、隔离现场，同时视情况报告公安、环境保护、卫生防疫、安全生产监督管理等部门；

（5）发现各类危害国家安全和社会稳定的非法出版物、印刷品、音像制品等宣传品的，应当及时报告国家安全、公安、新闻出版等部门；

（6）发现各类伪造或者变造的货币、证件、印章及假冒侵权等物品的，应当及时报告公安、工商行政管理等部门；

（7）发现各类禁止寄递的珍贵、濒危野生动物及其制品的，应当及时报告公安、野生动物行政主管等部门；

（8）发现各类禁止进出境物品的，应当及时报告海关、国家安全、出入境检验检疫等部门；

（9）发现使用非机要渠道寄递涉及国家秘密的文件、资料及其他物品的，应当及时报告国家安全机关；

（10）发现各类间谍专用器材或者疑似间谍专用器材的，应当及时报告国家安全机关；

（11）发现其他禁寄物品或者疑似禁寄物品的，应当依法报告相关政府部门处理。

五、用户信息保护

经营快递业务的企业应当建立快递运单及电子数据管理制度。采取有效技术手段保证用户信息安全，对于用户信息等电子数据应当妥善保管，定期销毁快递运单。

对于快递服务过程中知悉的用户信息，经营快递业务的企业及其从业人员应严格保密，不得出售、泄露或者非法提供给第三方。

如果发生或者可能发生用户信息泄露情形的，经营快递业务的企业应当立即采取补救措施，并向所在地邮政管理部门报告。

六、安全生产责任制和突发事件应对

经营快递业务的企业应当依法建立健全安全生产责任制和突发事件应急预案，确保快递服务安全，定期开展突发事件应急演练。如果发生突发事件的，应当按照应急预案及时、妥善处理，并立即向所在地邮政管理部门报告。

第三节 快递市场行政处罚

公民、法人或者其他组织违反快递市场行政管理秩序的，由邮政管理部门依法给予行政处罚。其中，行政拘留的实施主体为公安机关。

一、行政处罚的种类

快递市场行政处罚的种类主要包括罚款、没收违法所得、责令停产停业、吊销许可证等。

二、行政处罚的管辖

根据《邮政行政处罚程序规定》，快递市场行政处罚以属地管辖为原则，由违法行为发生地的邮政管理部门依照职权管辖。

如法律、行政法规另有规定的，从其规定。

三、快递行政处罚一般程序

《邮政行政处罚程序规定》对快递行业行政处罚程序作了详细规定，包括立案、调查取证、案件审核、作出行政处罚决定、送达等程序。

案件系适用一般程序处理的，处理决定应当自立案之日起90日内作出；案情复杂，邮政管理部门不能在规定期限内作出处理决定的，经部门负责人批准，处理期限可以延长至120日；案情特别复杂，经延期仍不能作出处理决定的，由邮政管理部门负责人集体讨论决定是否继续延期，但办案期限最长不超过1年。

1.立案

（1）案件线索

快递市场行政处罚案件线索主要源于邮政管理部门依据监督检查职权发现的违法行为及社会举报等，也有来自新闻媒体披露、其他机关移送及上级部门交办案件等。

（2）立案条件

《邮政行政处罚程序规定》第十七条对快递市场行政处罚案件立案条件作出了具体规定。如符合立案条件的，邮政管理部门应当在7个工作日内予以核查，并决定是否立案。

在有证据初步证明有违法行为的情况下，邮政管理部门还应考虑违法行为是否属于邮政行政处罚范围、是否在法定二年追诉期限内、是否属于本部门管辖，符合上述立案条件的再予以核查。

对于不予立案的案件，邮政管理部门应当将有关材料归档留存。

对于不予立案的实名举报，邮政管理部门应当书面告知举报人。

2.调查取证

邮政管理部门在进行调查取证时，办案人员不得少于二人，并应当出示邮政管理执法证件。

根据《邮政行政处罚程序规定》第二十二条的规定，证据主要包括书证、物证、证人证言、视听资料、当事人的陈述、勘验笔录、现场笔录、鉴定意见、电子数据等。

作为认定事实依据的证据必须查证属实。一般情况下，收取、调取的证据应当系与案件有关的原始凭证或者原始载体，如获取原始凭证或者原始载体确有困难的，可以提取复制件、影印件或者抄录本，但需提供人确认与原件核对无误。

根据办案需要，办案人员可以询问案件当事人、证人或者其他有关人员，并按要求制作询问笔录。案件办理人员可以依法实施现场检查或者勘验，并按规定制作现场笔录与勘验笔录。

案件办理人员在收集证据时，可以采取抽样取证的方法。需要对相关事项进行鉴定的，在出具相关鉴定委托资料后，可以委托具有法定鉴定资格的鉴定机构进行鉴定。在证据可能灭失、损毁或者以后难以取得的情况下，办案人员可以根据情况采取记录、复制、拍照、录像等证据保全措施。

3.案件审核

案件调查终结后，办案人员应当制作案件处理意见报告，并报邮政管理部门负责人批准后分别处理。案件处理意见报告中包括当事人的基本情况、调查经过、调查认定的事实及证据、案件处理意见及相关法律依据等。

4.依法告知

邮政管理部门认为应当给予行政处罚的，应当制作行政处罚意见告知书并送达当事人。告知内容包括拟作出的行政处罚决定及事实、理由和依据，并告知当事人陈述、申辩、听证的权利。

5.作出处罚决定、送达

邮政管理部门作出行政处罚决定的，应当制作行政处罚决定书，行政处罚决定书中应载明以下事项：当事人的基本情况、违法事实和证据、行政处罚依据、行政处罚履行方式及期限、不服行政处罚决定的救济途径等。

邮政管理部门应当在7日内依照相关规定将行政处罚决定书送达当事人。

四、行政处罚听证程序

1.适用范围

邮政管理部门作出责令停产停业、吊销许可证、较大数额罚款（对公民罚款五千元以上，对法人或者其他组织罚款超过法定最高罚款数额的百分之五十且在三万元以上）的行政处罚决定的，当事人有权要求举行听证。

2.听证程序的申请

听证申请应以书面形式提出，如书面形式提出申请确有困难，可以口头提出申请。提出听证申请的时间为收到行政处罚意见告知书之日起3日内。如当事人逾期不申请听证的，视为放弃要求举行听证的权利。

3.听证申请的审查

当事人的听证要求符合相关规定的，邮政管理部门应当组织听证并按规定在举行听证的7日前通知当事人。

4.举行听证

听证程序应根据《邮政行政处罚程序规定》第四十三条规定的相关程序进行，充分听取当事人或者其委托代理人对案件的事实、证据、适用的法律等方面的陈述、申辩意见，并按规定制作听证笔录。

五、行政处罚简易程序

1.适用范围

根据《邮政行政处罚程序规定》第五十条的规定，违法事实确凿并有法定依据，符合下列情形之一的，可以当场作出行政处罚决定：

（1）警告；

（2）对公民处以五十元以下罚款；

（3）对法人或者其他组织处以一千元以下罚款。

2.简易程序

适用简易程序处罚的案件，办案人员应当当场了解违法事实，收集证据，制作现场笔录或者询问笔录。作出行政处罚前，应按规定告知当事人拟作出处罚的事实、依据、处罚内容等，并告知当事人依法享有陈述和申辩的权利。适用简易程序当场给予行政处罚，应当填写预定格式、统一编号的行政处罚决定书。

第四节　快递市场违法行为及法律责任

一、快递业务经营许可类违法行为及法律责任

1.未经许可经营快递业务

经营快递业务，应当依法取得快递业务经营许可，并接受邮政管理部门和有关部门的监督管理；未经许可，任何单位和个人不得经营快递业务。未取得快递业务经营许可经营快递业务的，由邮政管理部门或者工商行政管理部门责令改正，没收违法所得，并处五万元以上十万元以下的罚款；情节严重的，并处十万元以上二十万元以下的罚款；对快递企业，还可以责令停业整顿直至吊销其快递业务经营许可证。

2.设立分支机构、合并、分立未备案

经营快递业务的企业设立分支机构（含分公司、营业部、处理中心等），应当向邮政管理部门办理备案登记手续。经营快递业务的企业设立分支机构、合并、分立未向邮政管理部门备案的，由邮政管理部门责令改正，可以处一万元以下的罚款；情节严重的，处一万元以上五万元以下的罚款，并可以责令停业整顿。

3.超业务范围、超地域范围经营

经营快递业务的企业，不得超出邮政管理部门核准的业务范围经营、

地域范围快递。经营快递业务的企业的业务范围、经营地域范围须经邮政管理部门审核，对符合规定条件的，取得《快递业务经营许可证》，许可证上注明经营许可的业务范围与地域范围。经营快递业务的企业超越经营许可业务范围经营的，由邮政管理部门责令改正，处五千元以上三万元以下的罚款。

4.委托未经许可企业经营

经营快递业务的企业，不得以任何方式将快递业务委托给未取得《快递业务经营许可证》的企业经营。取得快递业务经营许可的企业将快递业务委托给未取得快递业务经营许可的企业经营的，由邮政管理部门责令改正，处1万元以下的罚款；情节严重的，处一万元以上三万元以下的罚款。

5.超许可范围委托经营

取得快递业务经营许可的企业不得以任何方式超越经营许可范围委托经营。取得快递业务经营许可的企业超越经营许可范围委托经营的，由邮政管理部门责令改正，处一万元以下的罚款；情节严重的，处一万元以上三万元以下的罚款。

6.申请许可隐瞒真实情况、弄虚作假

申请快递业务经营许可时，申请人不得隐瞒真实情况、弄虚作假。申请人申请快递业务经营许可时隐瞒真实情况、弄虚作假的，邮政管理部门不予受理或者不予批准，并给予警告，一年内不再受理其快递业务经营许可申请。

7.不正当手段取得经营许可

申请人不得以欺骗、贿赂等不正当手段取得快递业务经营许可。申请人以欺骗、贿赂等不正当手段取得快递业务经营许可的，由邮政管理部门依法撤销行政许可，处一万元以上三万元以下的罚款；申请人在三年内不得再次申请经营快递业务。

8.伪造《快递业务经营许可证》

经营快递业务的企业不得违反国家有关快递业务经营许可证管理的规定伪造《快递业务经营许可证》。经营快递业务的企业伪造《快递业务经营许可证》的，由邮政管理部门处一万元以上三万元以下的罚款。

9.涂改《快递业务经营许可证》

经营快递业务的企业不得违反国家有关快递业务经营许可证管理的规定涂改《快递业务经营许可证》。经营快递业务的企业涂改《快递业务经营许可证》的，由邮政管理部门处一万元以上三万元以下的罚款。

10.冒用《快递业务经营许可证》

经营快递业务的企业不得违反国家有关快递业务经营许可证管理的规定冒用《快递业务经营许可证》。经营快递业务的企业冒用《快递业务经营许可证》的，由邮政管理部门处一万元以上三万元以下的罚款。

11.租借《快递业务经营许可证》

经营快递业务的企业不得违反国家有关快递业务经营许可证管理的规定租借《快递业务经营许可证》。经营快递业务的企业租借《快递业务经营许可证》的，由邮政管理部门处一万元以上三万元以下的罚款。

12.倒卖《快递业务经营许可证》

经营快递业务的企业不得违反国家有关快递业务经营许可证管理的规定倒卖《快递业务经营许可证》。经营快递业务的企业倒卖《快递业务经营许可证》的，由邮政管理部门处一万元以上三万元以下的罚款。

13.未按规定办理备案手续

经营快递业务的企业应依法向邮政管理部门办理备案手续。快递企业设立分支机构、吸收其他企业法人进行合并或者分立后仍然存续，未向邮政管理部门备案的，由邮政管理部门责令改正，可以处一万元以下的罚款；情节严重的，处一万元以上五万元以下的罚款，并可以责令停业整顿。

此外，经营快递业务的企业未按照《快递业务经营许可管理办法》规定办理分支机构备案、撤销、变更手续，或者未按照规定提交快递业务经营许可年度报告的，由邮政管理部门责令改正，可以处一万元以下的罚款。

14.提交年度报告弄虚作假

经营快递业务的企业提交年度报告时，不得出现故意隐瞒真实情况及弄虚作假的行为。经营快递业务的企业提交备案材料时隐瞒真实情况、弄虚作假的，由邮政管理部门责令改正，可以处一万元以上三万元以下的罚款。

15.提交备案材料弄虚作假

经营快递业务的企业提交备案材料时，不得出现故意隐瞒真实情况及弄虚作假的行为。经营快递业务的企业提交备案材料时隐瞒真实情况、弄虚作假的，由邮政管理部门责令改正，可以处一万元以上三万元以下的罚款。

16.开办快递末端网点未备案

经营快递业务的企业或者其分支机构开办快递末端网点的，应向所在地邮政管理部门备案。经营快递业务的企业或者其分支机构开办快递末端网点未向所在地邮政管理部门撤销、变更备案的，由邮政管理部门责令改正，可以处一万元以下的罚款；情节严重的，处一万元以上五万元以下的罚款，并可以责令停业整顿。

二、快递行业安全监管类违法行为及法律责任

1.冒领、私自开拆、隐匿、毁弃、倒卖或非法检查他人快件

公民、法人或者其他组织不得冒名领取、私自开拆、隐匿、毁弃、倒卖或非法检查他人快件（邮件）。冒领、私自开拆、隐匿、毁弃、倒卖或非法检查他人快件（邮件），尚不构成犯罪的，依法给予治安管理处罚。

经营快递业务的企业有冒领、私自开拆、隐匿、毁弃、倒卖或非法检查他人快件行为的，由邮政管理部门责令改正，没收违法所得，并处五万

元以上十万元以下的罚款；情节严重的，并处十万元以上二十万元以下的罚款，并可以责令停业整顿直至吊销其快递业务经营许可证。

2.非法扣留快件

经营快递业务的企业不得非法扣留快件。经营快递业务的企业非法扣留快件的，由邮政管理部门责令改正，没收违法所得，并处五万元以上十万元以下的罚款；情节严重的，并处十万元以上二十万元以下的罚款，并可以责令停业整顿直至吊销其快递业务经营许可证。

3.不建立、不执行收寄验视制度

经营快递业务的企业应依法建立并执行收寄验视制度，在接收用户交寄的快件时，应查验用户交寄的快件是否符合禁寄、限寄有关规定，以及用户在快递运单上所填报内容是否与其交寄的实物相符。经营快递业务的企业未依法建立并执行收寄验视制度的，邮政管理部门可以责令停业整顿直至吊销其快递业务经营许可证。

此外，铁路、公路、水上、航空的货运和邮政、快递等物流运营单位有下列情形之一的，由主管部门处十万元以上五十万元以下的罚款，并对其直接负责的主管人员和其他直接责任人员处十万元以下的罚款：

（1）未实行安全查验制度，未对客户身份进行查验，或者未依照规定对运输、寄递物品进行安全检查或者开封验视的；

（2）对禁止运输、寄递，存在重大安全隐患，或者客户拒绝安全查验的物品予以运输、寄递的；

（3）未实行运输、寄递客户身份、物品信息登记制度的。

4.违反有关禁限寄规定收寄快件

经营快递业务的企业收寄快件时，应严格执行相关禁止寄递或者限制寄递物品的规定。

经营快递业务的企业违反有关禁限寄规定收寄快件的，邮政管理部门可以责令停业整顿直至吊销其快递业务经营许可证。

此外，铁路、公路、水上、航空的货运和邮政、快递等物流运营单位有下列情形之一的，由主管部门处十万元以上五十万元以下的罚款，并对其直接负责的主管人员和其他直接责任人员处十万元以下的罚款：

（1）未实行安全查验制度，未对客户身份进行查验，或者未依照规定对运输、寄递物品进行安全检查或者开封验视的；

（2）对禁止运输、寄递，存在重大安全隐患，或者客户拒绝安全查验的物品予以运输、寄递的；

（3）未实行运输、寄递客户身份、物品信息登记制度的。

5.快件夹带禁限寄物品

快件中夹带禁止寄递或者限制寄递的物品的，尚不构成犯罪的，依法给予治安管理处罚。

6.企业违法提供用户使用寄递服务信息

经营快递业务的企业不得违法提供用户使用寄递服务信息。经营快递业务的企业违法提供用户使用寄递服务信息的，尚不构成犯罪的，由邮政管理部门责令改正，没收违法所得，并处一万元以上五万元以下的罚款；对快递企业，邮政管理部门还可以责令停业整顿直至吊销其快递业务经营许可证。

7.从业人员违法提供用户使用寄递服务信息

快递从业人员不得违法提供用户使用寄递服务信息。快递从业人员违法提供用户使用寄递服务信息的，尚不构成犯罪的，由邮政管理部门责令改正，没收违法所得，并处五千元以上一万元以下的罚款。

快递从业人员违法提供从事快递服务过程中知悉的用户信息的，由邮政管理部门对直接责任人员处五千元以上一万元以下的罚款；构成犯罪的，依法追究刑事责任。

8.快递业务经营活动中有危害国家安全行为

经营快递业务的企业及其从业人员在经营活动中不得有危害国家安全行为。快递企业及其从业人员在经营活动中有危害国家安全行为的，依法追究法律责任；对快递企业，由邮政管理部门吊销其快递业务经营许可证。

9.未按规定建立突发事件应急机制

经营快递业务的企业应按相关规定建立突发事件应急机制。经营快递业务的企业未按规定建立突发事件应急机制的，由邮政管理部门责令改正，处三千元以上三万元以下的罚款。

10.发生重大服务阻断、暂停快递业务经营活动未按规定报告

经营快递业务的企业发生重大服务阻断情形、暂停快递业务经营活动时，企业应当按照规定在二十四小时内向邮政管理部门和其他有关部门报告，并向社会公告。经营快递业务的企业发生重大服务阻断、暂停快递业务经营活动未按规定报告的，由邮政管理部门责令改正，处三千元以上三万元以下的罚款。

11.未按规定记录和保存事故资料

经营快递业务的企业发生事故的，应当记录和保存事故处理过程中所有与事故有关的资料，相关资料和书面记录至少保存一年。经营快递业务的企业未按规定记录和保存事故资料的，由邮政管理部门责令改正，处三千元以上三万元以下的罚款。

12.违规收寄不能确定安全性的物品

经营快递业务的企业在收寄快递的时候，如对可疑物品不能确定安全性的，应当要求用户出具相关部门的安全证明。用户不能出具安全证明的，经营快递业务的企业不予收寄。经营快递业务的企业违规收寄不能确定安全性的物品的，由邮政管理部门责令改正，处三千元以上三万元以下的罚款。

13.未按规定记录和保存寄递服务信息

经营快递业务的企业在收寄已经出具安全证明的物品时，应当如实记录收寄物品的以下内容：名称、规格、数量、重量、收寄时间、寄件人和收件人名址等。上述记录的保存期限不能少于一年。经营快递业务的企业未按规定记录和保存寄递服务信息的，由邮政管理部门责令改正，处三千元以上三万元以下的罚款。

14.未按要求报送监控资料

经营快递业务的企业应当按照邮政管理部门的要求报送监控资料。经营快递业务的企业未按要求报送监控资料的，由邮政管理部门责令限期改正；逾期未改正的，处三千元以下的罚款。

三、快递服务质量监管类违法行为及法律责任

1.违反快递服务标准

经营快递业务的企业开展经营活动应符合快递服务标准，不得损害用户利益。经营快递业务的企业违反快递服务标准的，严重损害用户利益的，由邮政管理部门责令改正，处五千元以上三万元以下的罚款。

2.违反加盟管理规定

加盟制经营模式的快递企业在经营过程中不得违反加盟管理规定，具体如下：（1）被加盟人与加盟人均应当取得快递业务经营许可；（2）加盟人不得超越被加盟人的经营许可范围；（3）被加盟人与加盟人应当签订书面协议约定双方的权利义务，明确用户合法权益发生损害后的赔偿责任；（4）参与加盟经营的企业，应当遵守共同的服务约定，使用统一的商标、商号、快递服务运单和收费标准，统一提供跟踪查询和用户投诉处理服务。经营快递业务的企业违反加盟管理规定的，由邮政管理部门责令改正，处五千元以上三万元以下的罚款。

3.未按规定分拣作业

经营快递业务的企业在业务操作中应规范快递业务活动，分拣作业应符合相关规定，具体如下：（1）分拣作业时应按照快件的种类、时限分别处理、分区作业、规范操作；（2）业务作业应及时录入处理信息并上传网络；（3）不得存在以下方式造成快件（邮件）损毁：野蛮分拣、严禁抛扔、踩踏。经营快递业务的企业未按规定分拣作业的，由邮政管理部门处一万元罚款；情节严重的，处一万元以上三万元以下的罚款。

4.未按规定公示服务承诺

经营快递业务的企业应当在营业场所公示或者以其他方式向社会公布服务承诺，具体服务承诺事项如下：服务种类、服务时限、服务价格、损失赔偿、投诉处理等。服务承诺事项发生变更的，经营快递业务的企业应当及时发布服务提示公告。经营快递业务的企业未按规定公示服务种类、服务时限、服务价格、损失赔偿、投诉处理等服务承诺事项的，由邮政管理部门责令改正，处三千元以上三万元以下的罚款。

5.未建立与用户沟通渠道和制度

经营快递业务的企业应当建立与用户沟通的渠道和制度，包括：（1）向用户提供业务咨询、查询等服务；（2）及时处理用户投诉；（3）妥善处理邮政管理部门转办的用户申诉，并按照国务院邮政管理部门的规定给予答复。经营快递业务的企业未建立与用户沟通渠道和制度的，由邮政管理部门责令改正，处三千元以上三万元以下的罚款。

6.未及时处理用户投诉

经营快递业务的企业应及时处理用户投诉。经营快递业务的企业未及时处理用户投诉的，由邮政管理部门责令改正，处三千元以上三万元以下的罚款。

7.未按规定处理用户申诉

经营快递业务的企业应按规定妥善处理由邮政管理部门转办的用户申诉。经营快递业务的企业未及时处理用户申诉的，由邮政管理部门责令改正，处三千元以上三万元以下的罚款。

8.未按规定和标准处理无着快件

经营快递业务的企业应按照邮政管理部门的规定处理无法投递又无法退回寄件人的快件。经营快递业务的企业未按规定和标准处理无法投递又无法退回寄件人的快件的，由邮政管理部门对快递企业处三千元以上一万元以下的罚款；情节严重的，处一万元以上三万元以下的罚款。

9.盗窃快件

快递从业人员不得盗窃快件（邮件）。快递从业人员盗窃快件（邮件）的，由邮政管理部门责令改正，依法没收违法所得，对直接责任人员处五千元以上一万元以下的罚款；构成犯罪的，依法追究刑事责任。

第五节　快递市场行政执法情况

根据国家邮政管理局发布的2016年至2019年上半年的《邮政市场行政执法情况通告》，2016年全国各级邮政管理部门办理邮政市场行政处罚案件4665件，2017年办理邮政市场行政处罚案件11388件，2018年度办理邮政市场行政处罚案件5810件，2019年上半年办理邮政市场行政处罚案件2710件。

各类处罚案件中，行业安全监管类的行政处罚案件占比最大，案件数量由多到少依次为：邮政行业安全监管类、快递业务经营许可类、快递服务质量监管类、市场秩序类、行政管理秩序类。

按照处罚种类统计，全国各级邮政管理部门共作出行政处罚的种类、数量分别为：

2016年全国各级邮政管理部门作出停业整顿266次，警告90次，吊销许可证3次，罚款总计2839.8万元。

2017年全年各级邮政管理部门共作出罚款8994次，停业整顿1048次，警告1506次，吊销许可证13次，其他处罚5次，罚款总计7174.83万元。

2018年全年各级邮政管理部门共作出罚款5145次，停业整顿387次，警告322次，吊销许可证6次，其他处罚4次，罚款总计4162.86万元。

2019年上半年全年各级邮政管理部门共作出罚款2456件，停业整顿220次，警告40次，吊销许可证1次，其他处罚7次，罚款总计2143.29万元。

按照案由使用次数统计，2018年度邮政市场案件中排名前十的违法行为分别是：未按规定对从业人员进行安全生产教育和培训（1046件，占比17.26%），安全设备使用不符合国家或行业标准（727件，占比11.99%），未按规定办理变更手续（715件，占比11.79%），安全设备安装不符合国家或行业标准（527件，占比8.69%），未按期提交年度报告书（484件，占比7.98%），设立分支机构未备案（335件，占比5.53%），不执行收寄验视制度（301件，占比4.97%），未整改重大安全隐患（289件，占比4.77%），违反快递服务标准（177件，占比2.92%），未按规定分拣作业（163件，占比2.69%）。

2019年上半年，邮政市场案件中排名前十的违法行为分别是：未按规定对从业人员进行安全生产教育和培训（348件，占比12.22%），安全设备使用不符合国家或行业标准（326件，占比11.45%），设立分支机构未备案（301件，占比10.57%），未按期提交年度报告书（222件，占比7.79%），违反快递服务标准（198件，占比6.95%），安全设备安装不符合国家或行业标准（190件，占比6.67%），不执行收寄验视制度（160件，占比5.62%），未按规定办理变更手续（148件，占比5.20%），未按规定报送实名收寄信息（103件，占比3.62%），未整改重大安全隐患（91件，占比3.20%），如表4-1所示。

表4-1　2019年上半年邮政市场行政执法情况

序号	案由	案件类别	数量	占比
1	未按规定对从业人员进行安全生产教育和培训	邮政行业安全监管类	348	12.22%
2	安全设备使用不符合国家或行业标准	邮政行业安全监管类	326	11.45%
3	设立分支机构未备案	快递业务经营许可类	301	10.57%
4	未按期提交年度报告书	快递业务经营许可类	222	7.79%
5	违反快递服务标准	快递服务质量监管类	198	6.95%
6	安全设备安装不符合国家或行业标准	邮政行业安全监管类	190	6.67%
7	不执行收寄验视制度	邮政行业安全监管类	160	5.62%
8	未按规定办理变更手续	快递业务经营许可类	148	5.20%
9	未按规定报送实名收寄信息	邮政行业安全监管类	103	3.62%
10	未整改重大安全隐患	邮政行业安全监管类	91	3.20%

序号	案由	案件类别	数量	占比
11	未按规定报送企业运营信息	邮政行业安全监管类	70	2.46%
12	违反有关禁限寄规定收寄快件	邮政行业安全监管类	61	2.14%
13	未按规定分拣作业	快递服务质量监管类	54	1.90%
14	未按要求维护、保养和检测安全设备	邮政行业安全监管类	41	1.44%
15	未依照规定对寄递物品进行安全检查或者开封验视	邮政行业安全监管类	39	1.37%
16	超地域范围经营	快递业务经营许可类	38	1.33%
17	未如实记录安全生产教育和培训情况	邮政行业安全监管类	36	1.26%
18	未及时收集实名收寄信息	邮政行业安全监管类	34	1.19%
19	未及时录入实名收寄信息	邮政行业安全监管类	31	1.09%
20	未实行寄递客户身份、物品信息登记制度	邮政行业安全监管类	29	1.02%
21	未实行安全查验制度，对客户身份进行查验	邮政行业安全监管类	23	0.81%
22	未按照规定设置安全生产管理机构或者配备安全生产管理人员	邮政行业安全监管类	22	0.77%
23	未按规定办理备案手续（企业设立分支机构、分立、合并除外）	快递业务经营许可类	21	0.74%
24	未按规定公示服务承诺	快递服务质量监管类	19	0.67%

续　表

序号	案由	案件类别	数量	占比
25	违规收寄不能确定安全性的物品	邮政行业安全监管类	19	0.67%
26	未按规定将已签订安全协议的用户名单送邮政管理部门备案	邮政行业安全监管类	17	0.60%
27	未按规定使用实名收寄信息系统	邮政行业安全监管类	17	0.60%
28	监控设备未正常运转	邮政行业安全监管类	15	0.53%
29	未按规定对寄递的邮件、快件加盖或粘贴安检标识	邮政行业安全监管类	15	0.53%
30	委托未经许可的企业经营	快递业务经营许可类	14	0.49%
31	未安排具备专门技能的人员对快件进行全面安全检查	邮政行业安全监管类	14	0.49%
32	未制定突发事件应急预案	邮政行业安全监管类	12	0.42%
33	在露天场地分拣快件	快递服务质量监管类	11	0.39%
34	未将事故隐患排查治理制度情况如实记录或者未向从业人员通报	邮政行业安全监管类	11	0.39%
35	收寄快件时未按规定留存寄件人的身份信息和保存协议客户的安全协议、身份信息	邮政行业安全监管类	11	0.39%
36	其他		87	3.05%
合计			2848	100.00%

（数据来源：中国国家邮政局官网）

第五章

快递企业刑事合规

第一节　快递企业刑事法律风险概述

从笔者收集到的案例来看，快递企业及快递从业人员可能涉及的刑事犯罪集中在以下三类：一是因快递员偷拿包裹、贩卖公民信息等产生的侵财类犯罪；二是少数快递员在工作过程中发生的故意伤害、故意杀人等暴力犯罪；三是快递企业可能出现挪用资金、虚开增值税发票等企业常见犯罪。

快递企业及快递从业人员的违法犯罪行为不仅会使快递企业承担额外的民事、行政责任，还会对快递企业的企业形象造成严重影响。目前我国快递企业及快递从业人员可能涉及的刑事犯罪具有以下特点。

一、现有快递企业模式及管理制度导致快递从业人员流动性大、待遇偏低，快递从业人员更容易受到金钱类犯罪的诱惑

快递从业人员偷拿快递、出卖收件人信息的案例屡见不鲜。这固然是因为行为人法律意识淡薄、品质不佳，但也和快递企业的管理方式、行业生态有关。

在企业模式方面，不少快递企业采取的是加盟制，快递网点通过承包、加盟等方式与快递企业合作。大部分快递企业对快递从业人员的要求较低，也不会对快递从业人员实施严格的招录程序及进行岗前培训，这就导致快递从业人员的入行门槛较低，员工流动性大。有不少快递派送人员为了多赚钱，甚至兼送快递和外卖。

此外，快递从业人员普遍企业归属感不强，如果过度降低快递从业人员的待遇，会使快递从业人员更容易受到金钱的诱惑而犯罪。对于极少数快递从业人员而言，在派件的同时，"顺便"偷盗几个高价值包裹或出售快递运单信息，似乎也成了一个增加收入的选择。

在快递行业草创时代，加盟制度确实有利于快递企业快速扩张，形成规模优势，但同时也会带来快递从业人员素质、网点服务质量良莠不齐的隐患。在快递企业早已进入"红海"搏杀的今天，如果快递企业仍疏于对快递网点及快递派送人员的管理，极有可能在同业竞争中丧失口碑和竞争优势。

二、部分企业考核机制过于严苛，容易造成从业人员心理失衡，诱发激情犯罪

不少快递企业也不直接对基层快递从业人员进行管理，而是通过建立以评价、投诉为基础的考核机制，实现"以罚代管"。目前快递企业的考核重点集中在有无延误送件、有无丢失快件、快件有无破损上，顾客对快递派送人员的评价也是影响考核结果的重要因素。快递派送人员解决的是"最后一公里"问题，他们所做的工作只是整个快递中的一个环节，快递延误、破损、丢失的原因是多方面的，但评价、投诉机制容易将所有形成顾客不良体验的因素归结至快递派送人员个人身上。

快递企业为了确保客户体验，往往非常重视客户的评价，并会针对客户投诉对涉及人员进行较为严厉的处理，一旦某单派件遭遇投诉，快递派送人员往往要缴纳相当于该单派件报酬十倍甚至百倍的罚款。过于严苛的考核、评价机制容易造成快递从业人员心理失衡，单方面的考核、评价机制也使得快递派送人员在遭遇顾客不合理投诉或不公正评价时无从辩解，再加上疏导不及时，很容易导致快递派送人员情绪大爆发。

近年来我国频发快递派送人员伤人事件：2017年6月，北京一女子因投诉快递员擅自签收包裹，被快递员强行入室打伤，在微博曝光后又持续被骚扰；2019年5月，上海市快递员司某由于遭到被害人差评而怀恨在心，将被害人约到小区门口，用购买的菜刀挥砍被害人头、颈部；2019年8月，贵州省黔西县快递员郭某因派发包裹时与被害人袁某发生纠纷，在争执中将袁某杀死……以上这些悲剧，原本不该发生。

三、部分快递网点设立要求过低，不利于快递安全，也给极少数快递从业人员进行犯罪活动提供了便利

目前快递企业广泛应用了物流跟踪技术，使顾客可以通过快递单号实时查询快递包裹的位置，极大降低了快递包裹送错、丢失、延误的概率。但部分快递企业对快递网点的设立要求过低，不少快递网点既没有独立的仓库，也没有专职人员看管，有的甚至只有一个临时派发点。

以笔者拿快递的经历来看，目前还普遍存在与零售商店合作的快递网点。在这类网点中，商店老板往往兼职看管、收取快递。此外，不少小区还存在借用小区车库设立快递网点的情况，在包裹较多的时候，不少快递包裹就随意地摆在外面。在不少高校，普遍存在将包裹摆在地面形成的临时派发点，且只有一名快递派送人员同时负责取件和看管，这些举措虽然降低了快递行业成本，但不利于快递包裹的保管及安全，还给极少数快递从业人员进行犯罪活动提供了便利。

笔者将在下文选取部分快递企业及快递从业人员常见的犯罪形式逐一进行解析。

第二节　盗窃罪

一、典型案例

2019年年初，某地一家公司连续接到几十起快递丢失的投诉，经过协商，公司累计赔偿了客户近十万元的损失，其中不乏名贵的字画。快件丢失是常有的事情，但如此密集地丢失引起了公司领导的警觉。公司经过上下排查、回看各环节录像、询问相关人员，最终确定问题出在分拣处，遂报警。

接警后，当地公安分局的办案民警经问询、调查、分析，最终发现不翼而飞的快递货物都有一个共同的特点，即价值相对较高。针对这些快递丢失的时间点进行分析，办案民警发现案发地都处于同一片区。经过办案民警的认真调查、多方问询，最终将目标锁定该片区负责分拣快递件的吴某，到案后，吴某对分拣快递时偷拿包裹的行为供认不讳。

吴某称，自己家庭条件不好，所以想通过偷拿包裹贴补家用，当他发现快递公司在分拣包裹时缺乏有效的监管之后，便灵机一动，将尚未扫码的包裹藏在由自己负责的快递派送车里，再伺机偷拿回家。办案民警发现，吴某偷拿回家的物品一部分供自己家人使用，另有一部分放在了某电商平台进行售卖。

经人民法院审理，吴某的行为被认定为盗窃。考虑到吴某到案后积极退赃，赔偿了快递公司全部损失，取得了被害人的谅解，法院判处吴某有期徒刑二年三个月，缓刑四年，并处罚金5000元。

二、案件评析

快递从业人员对快递包裹实施的侵犯财产行为常发生在四个阶段：分拣阶段、装卸阶段、仓储阶段、派送阶段。

就本案案情而言，快递员偷拿包裹，作案的手段方式较为单一，且有监控、扫码、其他工作人员口供为证，破案难度较低；同时，办案民警掌握了犯罪嫌疑人的电子通信信息，进一步明确被盗物品的价值、来源、去向。然而本案系特殊主体，即快递公司的快递分拣员，因此，办案民警对于本案的定性有了更多的考量，即快递员经手分拣包裹，而后监守自盗，是属于利用职务之便占有财物，还是属于盗窃行为。

实践中，有一定比例的案件将此类情形定性为职务侵占罪，但更多的会定性为盗窃罪。本案中，吴某的主要工作系分拣快递包裹，而后将扫码后的包裹予以配送，其并非快递公司的负责人，对于本站点的快递包裹不具有法定意义上的管理权，更无实际处分权，因此并不具备职务侵占罪的主体要件。就本案的盗窃行为而言，吴某能够成功实施该客观行为系其利用了职务带来的便利条件，而非职务本身的权利要件，即其熟悉本案的作案场所、工作流程及快递丢失赔偿规则，利用这些便利掩盖了其偷盗的事实，而非利用职权本身的合法便利。

继续分析快递的阶段所有权，按照规定，只有快递包裹经过分流站点的核对并扫码验收之后，才从上一个物流环节转移至此。然而，本案中，吴某将涉案包裹予以隐藏，故意不进行扫码核对，造成快递丢失的假象，即使快递包裹实际在吴某手中，其所有权事实上也还在上一个物流环节。

因此，吴某所占有的财物仍属于上一个物流阶段，并非其分流站点所掌握的快递包裹，自然也不构成"将本单位的财物非法占为己有"的规定。

因此，吴某的行为并不符合职务侵占罪的构成要件。吴某利用自身分拣包裹的职务便利，隐瞒犯罪事实，将公私财物据为己有，符合盗窃罪的构成要件与犯罪表征，应当定性为盗窃罪。

对于快递公司员工偷拿客户财物的行为，虽然存在职务侵占罪和盗窃罪之间的不同认识，但应该承认，同属侵犯财产罪的职务侵占罪与盗窃罪之间存在交叉式法条竞合的关系，一行为同时符合两罪的定量标准时，应按照重法处理；如不符合特殊法条的定量标准但符合普通法条的要求时，完全可按照普通法条定罪。对于快递行业来说，要提高警惕，加强对员工的培训，强化员工的法律意识，防止员工"监守自盗"，树立企业的形象品牌。

三、罪名解析

《刑法》第二百六十四条【盗窃罪】盗窃公私财物，数额较大的，或者多次盗窃、入户盗窃、携带凶器盗窃、扒窃的，处三年以下有期徒刑、拘役或者管制，并处或者单处罚金；数额巨大或者有其他严重情节的，处三年以上十年以下有期徒刑，并处罚金；数额特别巨大或者有其他特别严重情节的，处十年以上有期徒刑或者无期徒刑，并处罚金或者没收财产。

《刑法》第二百七十一条【职务侵占罪】公司、企业或者其他单位的人员，利用职务上的便利，将本单位财物非法占为己有，数额较大的，处五年以下有期徒刑或者拘役；数额巨大的，处五年以上有期徒刑，可以并处没收财产。

在实际应用中，盗窃罪的量刑标准如表5-1所示。

表5-1　盗窃罪量刑标准（以浙江省杭州市为例）

罪名		情节	数额	刑期
盗窃罪	数额较大	/	3000元以上	3年以下有期徒刑、拘役或者管制，并处或者单处罚金
		（1）曾因盗窃受过刑事处罚的；（2）一年内曾因盗窃受过行政处罚的；（3）组织、控制未成年人盗窃的；（4）自然灾害、事故灾害、社会安全事件等突发事件期间，在事件发生地盗窃的；（5）盗窃残疾人、孤寡老人、丧失劳动能力人的财物的；（6）在医院盗窃病人或者其亲友财物的；（7）盗窃救灾、抢险、防汛、优抚、扶贫移民、救济款物的；（8）因盗窃造成严重后果的	1500元以上	
		二年内盗窃3次以上的	/	
		入户盗窃的	/	
		携带凶器盗窃的	/	
		扒窃的	/	
		盗窃国家一般文物的	/	
		盗窃增值税专用发票或者可以用于骗取出口退税、抵扣税款的其他发票25份以上不满250份的	/	
		盗窃鸦片200克以上不满500克、海洛因10克以上不满40克或者其他毒品数量较大，盗窃淫秽录像带或者光盘30盘以上、淫秽书刊50本以上、淫秽扑克牌或者其他淫秽物品60件以上的	/	

罪名	情节		数额	刑期
盗窃罪	数额巨大	/	8万元以上	处3年以上10年以下有期徒刑，并处罚金
		（1）组织、控制未成年人盗窃；（2）自然灾害、事故灾害、社会安全事件等突发事件期间，在事件发生地盗窃的；（3）盗窃残疾人、孤寡老人、丧失劳动能力人的财物的；（4）在医院盗窃病人或者其亲友财物的；（5）盗窃救灾、抢险、防汛、优抚、扶贫、移民、救济款物的；（6）因盗窃造成严重后果的	4万元以上	
		入户盗窃	/	
		携带凶器盗窃	/	
		盗窃国家三级文物的	/	
		盗窃增值税专用发票或者可以用于骗取出口退税、抵扣税款的其他发票250份以上不满2500份的	/	
	数额特别巨大	/	40万元以上	处10年以上有期徒刑，并处罚金或者没收财产
		（1）组织、控制未成年人盗窃；（2）自然灾害、事故灾害、社会安全事件等突发事件期间，在事件发生地盗窃的；（3）盗窃残疾人、孤寡老人、丧失劳动能力人的财物的；（4）在医院盗窃病人或者其亲友财物的；（5）盗窃救灾、抢险、防汛、优抚、扶贫、移民、救济款物的；（6）因盗窃造成严重后果的	20万元以上	

罪名		情节	数额	刑期
盗窃罪	数额特别巨大	入户盗窃的	/	处10年以上有期徒刑，并处罚金或者没收财产
		携带凶器盗窃的	/	
		盗窃国家二级文物的	/	
		盗窃增值税专用发票或者可以用于骗取出口退税、抵扣税款的其他发票2500份以上的	/	
	无期徒刑标准	/	100万元以上	处无期徒刑，并处罚金或者没收财产
		（1）累犯或虽不成立累犯，但因侵财型犯罪被判过刑的；（2）多次入户盗窃的；（3）携带凶器入户盗窃的；（4）流窜盗窃20次以上的；（5）因盗窃造成严重后果的；（6）造成严重损失的	80万元以上不满100万元	
		（1）盗窃金融机构的经营资金、有价证券或者客户资金等，数额在40万元以上的；（2）盗窃国家一级文物后造成毁损、流失，无法追回的；（3）盗窃国家一级文物1件以上或者国家二级文物3件以上，并具有下列情形之一的：①犯罪集团的首要分子或者共同犯罪中情节严重的主犯；②流窜作案危害严重的；③累犯；④造成其他重大损失的	/	

第三节 侵犯公民个人信息罪

一、典型案例

1.湖北某大型快递公司员工侵犯公民个人信息案①

被告人杜某某、冯某等11人分别曾是某大型快递公司湖北公司和荆州公司的快递员、仓管员、市场专员和负责人。2015年至2016年期间，该11名被告人利用自己为快递用户提供服务的职务便利，伙同其他罪犯，通过微信、QQ等软件平台出售、提供、非法获取快递单号、快递面单及包含单号、地址、电话号码的信息表格，并长期借此牟利。

案发后，杜某某等人被移送司法机关处理。经过法院判决，认定杜某某因犯侵犯公民个人信息罪，被判处有期徒刑三年，并处罚金人民币200000元；冯某因犯侵犯公民个人信息罪，被判处有期徒刑一年六个月，并处罚金人民币20000元。其他快递公司工作人员也被判处了不同程度的刑罚。

2.鲁某等侵犯公民个人信息案②

2014年以来，鲁某通过网络向王某等人大量购买公民个人信息，并将

---

① 参见湖北省荆州市中级人民法院（2018）鄂10刑终84号刑事裁定书。

② 最高人民检察院：《最高检发布六起侵犯公民个人信息犯罪典型案例》，最高人民检察院官方网站，https://www.spp.gov.cn/xwfbh/wsfbt/201705/t20170516_190645.shtml#1，2017年5月16日。

获取的公民信息分类向电话促销人员出售，其中卖给王乙8万余条，非法获利6万余元。王甲通过购买非法软件获取公民的快递订单中的个人信息10万余条。2016年5月8日，王甲将下载公民快递信息的非法软件提供给鲁某，交换各自非法掌握的公民个人信息。2016年5月11日，鲁某、王甲被抓获归案，经公安机关调查取证，两人一共非法获取了快递订单中的公民个人信息超1000万条。

后经山东省新泰市人民检察院监督，公安机关对另两名涉案犯罪嫌疑人新泰市××快递公司负责人和鲁某的下线王乙以涉嫌侵犯公民个人信息罪立案侦查。同时，该案中的快递公司也成了立案侦查对象。

二、案件评析

在大数据和信息网络技术迅猛发展的今天，个人信息价值也在不断提高，在某些行业中，一份潜在用户的个人信息就可以"卖"到上百元。一份大数据分析报告显示，在侵犯公民个人信息犯罪中，行为人在履职或提供服务过程中获得公民个人信息然后进行非法处置的最为多见，将近六成（56.9%）；其中利用工作便利或提供服务过程中获取公民个人信息的主要是服务行业中能接触到公民个人信息的人员，快递员便属于其中常见的一类。[1]该报告同时指出，快递单中的信息也是常见的被侵犯的公民个人信息类型。

由于快递行业的业务特性，公民的个人信息在快递服务中大量地流转、使用。特别是快递实名制实施后，寄件人的身份证号、年龄、性别、住址、联系电话等都是快递企业必须收集的信息，这些都是非常有价值的个人信息。

---

[1] "国双司法大数据"公众号：《侵犯公民个人信息类刑事案件——大数据分析报告（2013—2016）》，搜狐网，https://www.sohu.com/a/152077416_726435，2017年6月26日。

不法利益的诱惑，加上快递业务中个人信息相对易得，使得近年来快递从业人员侵犯公民个人信息的案例频发。防范快递从业人员侵犯公民个人信息、建立有效的企业内控制度已成为快递企业必须重视的问题之一，笔者建议从以下几个方面进行防范。

1.完善公司规章制度中关于个人信息保护的内容

单位也可能成为侵犯公民个人信息罪的犯罪主体。区分单位犯罪与员工个人犯罪的一个重要因素就是员工的犯罪行为是否是单位意志的体现。

在刑事司法实践中，法官判断某一行为是否为单位意志体现时，将会综合考察单位是否明令禁止该活动，并了解单位相关规章制度的内容。就可能发生的侵犯公民个人信息的单位犯罪风险而言，快递企业可采取以下形式防范：

（1）在劳动合同中增加关于要求劳动者保护工作过程中接触到的公民个人信息的条款；

（2）在公司的管理规章中明确保护公民个人信息的基本义务，严禁非法获取、提供和出售公民个人信息的行为；

（3）在员工的岗前、在职培训中加入公民个人信息保护的相关内容；

（4）设置信息安全部门或其他专门岗位，监督管理信息安全流程，并在发生侵犯公民个人信息的事件时对内统筹组织应对，对外对接公检法部门。

2.实施保障公民个人信息安全的内控流程

《快递暂行条例》第二十八条规定，快递业务应当实行快件寄递全程信息化管理，第三十四条第一款规定，快递业务的企业应当建立快递运单及电子数据管理制度，妥善保管用户信息等电子数据，定期销毁快递运单，采取有效技术手段保证用户信息安全。

在具体操作方面，可以参考《信息安全技术个人信息安全规范》的要求，遵循权责一致、目的明确、选择同意、最少够用、公开透明、确保安全、主体参与等7项选择，重点在信息的收集、保存、使用环节上制订详细的内部操作规程。将信息安全的风险控制落实到每个具体岗位之中，不同岗位享有不同的信息权限并承担相应的责任。

三、罪名解析

根据《中华人民共和国刑法》第二百五十三条之一，以及《个人信息刑事解释》的第五条、第六条的规定，侵犯公民个人信息犯罪的定罪量刑标准如表5-2：[①]

表5-2 侵犯公民个人信息犯罪的定罪量刑标准

严重程度	具体行为	数量标准	刑期
情节严重	（1）出售或者提供行踪轨迹信息，被他人用于犯罪的	/	3年以下有期徒刑或者拘役，并处或者单处罚金
	（2）知道或者应当知道他人利用公民个人信息实施犯罪，向其出售或者提供的	/	
	（3）非法获取、出售或者提供行踪轨迹信息、通信内容、征信信息、财产信息的	50条以上	

---

①单位犯该罪的，对单位判处罚金，并对其直接负责的主管人员和其他直接责任人员依照个人犯罪的规定处罚。

续　表

严重程度	具体行为	数量标准	刑期
情节严重	（4）非法获取、出售或者提供住宿信息、通信记录、健康生理信息、交易信息等其他可能影响人身、财产安全的公民个人信息的	500条以上	3年以下有期徒刑或者拘役，并处或者单处罚金
	（5）非法获取、出售或者提供第3项、第4项规定以外的公民个人信息	5000条以上	
	（6）数量未达到第3项至第5项规定标准，但是按相应比例合计达到有关数量标准的	/	
	（7）违法所得	5000元以上	
	（8）将在履行职责或者提供服务过程中获得的公民个人信息出售或者提供给他人的	数量或者数额达到第3项至第7项规定标准一半以上的	
	（9）曾因侵犯公民个人信息受过刑事处罚或者二年内受过行政处罚，又非法获取、出售或者提供公民个人信息的	/	
	（10）其他情节严重的情形	/	
	（11）为合法经营活动而非法购买、收受上述第3项、第4项规定以外的公民个人信息，且利用非法购买、收受的公民个人信息获利的	获利5万元以上	

续 表

严重程度	具体行为	数量标准	刑期
情节严重	（12）为合法经营活动而非法购买、收受上述第3项、第4项规定以外的公民个人信息；且曾因侵犯公民个人信息受过刑事处罚或者二年内受过行政处罚，又非法购买、收受公民个人信息的	/	3年以下有期徒刑或者拘役，并处或者单处罚金
	（13）为合法经营活动而非法购买、收受上述第3项、第4项规定以外的公民个人信息；且有其他情节严重的情形	/	
情节特别严重	（1）造成被害人死亡、重伤、精神失常或者被绑架等严重后果的	/	3年以上7年以下有期徒刑，并处罚金
	（2）造成重大经济损失或者恶劣社会影响的	/	
	（3）数量或者数额达到情节严重中第3项至第8项规定标准10倍以上的	/	
	（4）其他情节特别严重的情形	/	

第四节　诈骗罪

一、典型案例

1.吴某、曾某等诈骗一案①

2015年，被告人吴某、曾某使用被告人张某在网上购买的假身份证，分别入职深圳、龙岗某快递公司、××商城福田区××站点做快递员。一段时间后，被告人吴某、曾某向被告人张某提供可以单独送货的时间及地点信息，然后被告人张某、周某某就利用该信息在网上商城以货到付款的方式下单购买贵重物品。在被告人吴某、曾某单独递送上述贵重物品时，被告人张某负责直接取走或用以旧换新的方式占有递送的该批货物，并负责变卖分赃。经鉴定，被告人吴某用以旧换新的方式占有了该公司负责递送的三部三星手机及相机镜头，经鉴定，涉案物品价值人民币227982元；被告人曾某以上述方式占有快递公司负责递送的一批电子器材，经鉴定，涉案物品价值人民币331048元。

法院认为，被告人吴某、曾某、张某、周某某以非法占有为目的，虚构事实、隐瞒真相，骗取他人财物，其中被告张某数额特别巨大，被告吴某、曾某、周某某数额巨大，其行为均已构成诈骗罪。

最终，吴某犯诈骗罪，判处有期徒刑五年，并处罚金人民币5000元；曾某犯诈骗罪，判处有期徒刑五年二个月，并处罚金人民币5000元；张某

---

① 参见广东省深圳市中级人民法院（2016）粤03刑终2839号刑事裁定书。

犯诈骗罪，判处有期徒刑十年，并处罚金人民币8000元；周某某犯诈骗罪，判处有期徒刑三年，并处罚金人民币4000元。

2.王某、陈某等诈骗一案

2016年4月至2017年6月期间，王某等人冒充国家机关或组织机构的工作人员，通过电话等途径联系管某等多名被害人，虚构事实，向被害人推销不具有收藏价值的工艺品，并承诺高价回收，诱骗被害人购买，骗取被害人款项。作为快递公司快递员的被告人陈某为王某等人利用快递以货到付款方式将不具有收藏价值的工艺品邮寄给被害人，骗取被害人款项，涉案金额108万余元。

法院认为，被告陈某明知王某等人邮寄诈骗快件，仍为其提供收派件等服务，在有些快件无法送达时还积极联系其他快递公司派件发货，且为其他快递公司的快递员林某等人邮寄诈骗快件提供王某等人使用的月结账号，其行为以诈骗罪的共犯论处。

最终，被告人陈某犯诈骗罪，判处有期徒刑四年，并处罚金人民币五万元；王某等人违法所得人民币108万余元被依法追缴，发还受害人。

二、案件评析

诈骗罪在客观上表现为使用欺诈方法（虚构事实或者隐瞒真相方法）骗取数额较大的公私财物。上述案例一中，吴某、曾某二人利用从网络上购买的假身份证入职快递企业，并利用"货到付款"的方式在商城上购买贵重物品，在中途以直接取走或以旧换新的方式直接占有财物，二人事实上实施了欺诈行为；其次，二人的行为使得被害人陷入错误认识，并作出吴、曾二人所希望的财产处分。吴、曾二人利用其虚构的快递人员身份，并利用快递人员的职权便利，将公司财物非法占为己有，符合诈骗罪的典型特征，应当认定为诈骗罪。

依照我国《刑法》第二十五条第一款的规定，共同犯罪是指二人以上共同故意犯罪。"二人以上"是共同犯罪的主体要件，且各共同犯罪人之间必须有共同的犯罪故意。但犯罪故意的具体形式和内容并不要求完全相同，如一方是直接故意，另一方是间接故意，只要双方有共同的犯罪行为也可成立共犯。上述案例二中，快递员陈某明知王某等人通过快递邮寄诈骗快件，仍为其提供收派件等服务，在快件无法送达时还积极联系其他快递公司派件发货，且为林某等人邮寄诈骗快件提供王某等人使用的月结账号，以非法占有为目的，使用欺诈方法骗取公司财物，构成诈骗罪，其行为以诈骗罪的共犯论处。

近年来，利用快递从事诈骗的案件频发，究其原因，有以下三方面：

1.行为隐蔽，不易被发现

快递公司在收寄快递时，大部分仅对收件人和发件人的表面信息进行确认，如是否有明确的收寄人姓名、联系地址、联系方式等，鲜少对收寄人身份进行核实，犯罪分子利用这一漏洞使用虚假身份，并可以不定期更换联系方式和收货、发货地址，增大了公安机关的查处难度。

2.风险小，成本低

由于有些利用快递实施的犯罪具有跨区域、小金额的特点，给公安机关立案、侦破带来了极大困难，犯罪分子易于逃脱法律的惩处，因而风险较小。而且，大部分时候诈骗分子无须暴露，仅通过电话、网络等方式就可以与"买家"完成"交易"，交易方便快捷，犯罪成本低廉。

3.流程不规范，行业监管存漏洞

实践中，大部分的快递企业对快递全流程的监管是缺乏的，收件、登记、分拣、送件各流程之间的制约和监督不到位。比如，在中转站对快件进行分拣的时候，快递员仅仅根据货运单上的联系电话与地址运送快件，一般不会再与原始快件收发数据进行对比。这样，快递员就有机会利用工作便利寻找作案目标。一旦发现比较贵重的物品，就以事先准备好的新单子替换掉原来的货运单。

其次，快递企业还存在对客户个人信息保管不善的问题。查看收寄人的个人信息并无严格的权限限制，管理人员、业务人员甚至客服人员都可以轻易拿到相关信息，增加了客户个人信息泄露的风险。

针对快递企业中可能出现的上述刑事风险，笔者建议快递企业从以下几个方面入手，做好风险控制：

（1）完善快递信息保护制度，切断信息源头。

快递人员利用自身职务的便利，搜集公民个人信息以供犯罪所用，恰恰是快递企业没有做好公民信息保护工作而使犯罪人员有了可乘之机。快递企业应在内部管理中完善公民的个人信息保护制度，切断信息流通的途径，减少此类犯罪的发生。

（2）制定员工发展规划，提供相应的专业培训和职业技能培训，促进员工成长。

快递人员整体学历水平以大专、高中、职高、技校毕业生为主，相较于其他行业普遍学历较低，从业素质不高，快递企业应当制定快递人员的职业发展规划，提供相应的专业、技能及职业纪律培训，促进员工成长，从主观上杜绝此类案件的发生。

三、罪名解析

《中华人民共和国刑法》第二百六十六条规定，诈骗公私财物，数额较大的，处三年以下有期徒刑、拘役或者管制，并处或者单处罚金；数额巨大或者有其他严重情节的，处三年以上十年以下有期徒刑，并处罚金；数额特别巨大或者有其他特别严重情节的，处十年以上有期徒刑或者无期徒刑，并处罚金或者没收财产。本法另有规定的，依照规定。

第五节　虚开增值税专用发票罪

一、典型案例①

2015年9月至12月，X物流公司、D物流公司及蔡某为谋取非法利益，在明知没有实际交易的情况下，通过朱某介绍，向张某控制下的J公司、Z公司虚开货物运输业增值税专用发票229张，票面金额合计人民币18213988.37元，税款合计人民币2003538.75元，价税合计人民币20217527.12元。朱某从中获得开票费用人民币1083542.7元，其中支付给X物流公司、D物流公司人民币720000元。杨某作为J公司、Z公司会计，接受张某安排，与朱某对接，具体负责上述虚开货物运输业增值税专用发票事宜。

法院经审理认为，X物流公司、D物流公司为他人虚开增值税专用发票，X物流公司虚开的税款数额较大，蔡某是两被告单位直接负责的主管人员，其行为均已构成虚开增值税专用发票罪。朱某介绍他人虚开增值税专用发票，虚开的税款数额较大，其行为已构成虚开增值税专用发票罪。杨某是J公司、Z公司虚开增值税专用发票的直接责任人员，虚开的税款数额较大，其行为已构成虚开增值税专用发票罪，且是共同犯罪。

最终，X物流公司犯虚开增值税专用发票罪，判处罚金人民币30万元。D物流公司犯虚开增值税专用发票罪，判处罚金人民币10万元。蔡某

---

① 参见扬州市邗江区人民法院（2016）苏1003刑初421号刑事判决书。

犯虚开增值税专用发票罪，判处有期徒刑五年。朱某犯虚开增值税专用发票罪，判处有期徒刑六年，并处罚金人民币30万元。杨某犯虚开增值税专用发票罪，判处有期徒刑三年，缓刑四年。违法所得人民币30万元，依法予以没收，上缴国库。

二、案件评析

虚开增值税专用发票罪产生的原因主要有以下几个方面：

一是虚开增值税专用发票可给企业带来不法利益，这为企业虚开行为提供了动力。在我国目前"以票控税"的税收管理模式下，发票直接影响企业的税负。有些企业想方设法把增值税专用发票账面金额做得远高于实际交易金额，甚至在没有实际业务产生的情况下，虚开增值税专用发票抵扣税款，以此来逃税，给国家税收造成了巨大损失。

二是虚开发票类案件的稽查存在一定难度，无形中助长了企业的侥幸心理。税务机关一般只对发票进行审查，而对交易是否真实存在、票货是否一致、税务等问题难以掌握。

但税务红线不可逾越，否则企业极可能面临行政甚至刑事责任。针对虚开增值税发票类犯罪，企业应重点关注以下几点：

首先，企业应当重视内部培训，自上而下强化法律意识，形成谨慎交易，分工明确、责任到人，互相监督的良好工作机制。健全财务制度，借助金税三期等财务及发票系统，识别虚开、代开、开具"大头小尾"发票等违法行为，规避不法分子利用假票骗税带来的财务风险。

其次，税务部门往往以"四流合一"加以判断，即资金流、物流、购销合同、发票流四个方面是否保持一致。在交易活动中，企业应选择诚信守法的合作伙伴，对交易相对方进行必要考察，了解其经营范围、企业规模、纳税资格等情况；重视采购和销售环节的发票、合同，确保交易凭证准确、完整；同时尽量通过银行账户划拨货款，减少现金支付，最大限度地减少善意取得虚开发票的可能性。

最后，在节税问题上，笔者建议企业可聘请专业人士在确保合规的前提下，通过合理的税收筹划，充分适用税收优惠制度来最大限度地降低税负，减少税务风险。

对虚开增值税专用发票的犯罪，国家一直很重视。随着社会各方面技术的高速发展、法律的不断完善，国家一定会更高效、更严厉地打击此类犯罪。严守税务红线，才是企业获得长足发展的正道。

三、罪名解析

《中华人民共和国刑法》第二百零五条规定，虚开增值税专用发票或者虚开用于骗取出口退税、抵扣税款的其他发票的，处三年以下有期徒刑或者拘役，并处二万元以上二十万元以下罚金；虚开的税款数额较大或者有其他严重情节的，处三年以上十年以下有期徒刑，并处五万元以上五十万元以下罚金；虚开的税款数额巨大或者有其他特别严重情节的，处十年以上有期徒刑或者无期徒刑，并处五万元以上五十万元以下罚金或者没收财产。单位犯本条规定之罪的，对单位判处罚金，并对其直接负责的主管人员和其他直接责任人员，处三年以下有期徒刑或者拘役；虚开的税款数额较大或者有其他严重情节的，处三年以上十年以下有期徒刑；虚开的税款数额巨大或者有其他特别严重情节的，处十年以上有期徒刑或者无期徒刑。虚开增值税专用发票或者虚开用于骗取出口退税、抵扣税款的其他发票，是指有为他人虚开、为自己虚开、让他人为自己虚开、介绍他人虚开行为之一的。

1. 本罪立案追诉标准

最高人民检察院、公安部印发的《最高人民检察院、公安部关于公安机关管辖的刑事案件立案追诉标准的规定（二）》第六十一条规定，虚开增值税专用发票或者虚开用于骗取出口退税、抵扣税款的其他发票，虚开的税款数额在一万元以上或者致使国家税款被骗数额在五千元以上的，应予立案追诉。

2. 本罪的量刑标准

根据最高人民法院《关于虚开增值税专用发票定罪量刑标准有关问题的通知》，虚开增值税专用发票定罪量刑标准整理如表5-3。

表5-3　虚开增值税专用发票定罪量刑标准

罪名	虚开数额	刑罚
虚开增值税专用发票罪	5万元以上	处3年以下有期徒刑或者拘役，并处2万元以上20万元以下罚金
	50万元以上（认定为数额较大）	处3年以上10年以下有期徒刑，并处5万元以上50万元以下罚金
	250万元以上（认定为数额巨大）	处10年以上有期徒刑或者无期徒刑，并处5万元以上50万元以下罚金或者没收财产

第六节 挪用资金罪

一、典型案例

1.挪用本单位资金进行营利活动[1]

2013—2015年，刘某在青岛某公司负责财务工作期间，利用职务便利，私自将公司资金转至个人账户进行理财。其中，2013年5—6月，刘某从青岛某公司银行账户提取公司资金人民币150余万元，私自存入其个人的青岛银行账户上进行理财，后归还。2014年7月至2015年10月，刘某先后十余次从青岛某公司银行账户提取公司资金私自存入其母亲的民生银行账户上进行理财，后被公司负责人发现。2016年3月至5月，刘某将挪用的人民币283万余元陆续归还公司。

法院认为，刘某利用职务上的便利，挪用本单位资金进行营利活动，其行为已构成挪用资金罪。依据法律及司法解释的相关规定，刘某挪用金额已属数额巨大，但刘某同时具有自首、将涉案挪用资金全部归还等从轻、减轻处罚情节。最终，刘某因犯挪用资金罪被判处有期徒刑二年六个月。

2.挪用本单位资金用于非法活动[2]

2013年陈某入职浦江某生物科技有限公司。2018年11月至2019年4月，陈某利用其负责公司熟食部货物运输及收取部分客户货款的职务便利，多次挪用公司的应收货款用于赌博、挥霍，共计人民币731778.90元。

---

[1] 参见青岛市中级人民法院（2019）鲁02刑终504号刑事判决书。
[2] 参见金华市中级人民法院（2019）浙07刑终974号刑事判决书。

法院认为，陈某利用职务便利，挪用本单位资金进行非法活动，其行为已构成挪用资金罪。陈某挪用的资金金额达73万余元，且至今拒不退还，已接近法律所规定的数额较大的情形，情节较为恶劣。

最终，陈某犯挪用资金罪，判处有期徒刑一年六个月；陈某的违法所得人民币731778.9元，继续予以追缴，返还被害单位浦江某生物科技有限公司；追缴不足部分，责令其退赔被害单位。

二、案件评析

挪用资金罪的立法初衷在于维护合理正常的经济秩序，保护以公司为代表的独立法人权益不受侵犯。挪用资金行为产生的原因主要有以下几方面。

一是观念问题。部分企业家认为"我即法人"，在企业经营过程中，企业家个人资产和公司资产界限不清，财产混同。部分高管法治观念淡薄，认为企业的钱可供自己周转，只要到时归还便不违法，故擅自将企业资金挪作他用。

二是制度欠缺。部分公司、企业还没有建立起现代企业管理制度，对公司董事、股东缺乏有效的制度约束，尤其是一些财务制度不规范、审批程序不严格、缺乏必要内部监督的小企业，由于缺乏"公账意识"或是出于理财或者偷逃税款的目的，随意将公司资金通过个人账户进出操作，给挪用资金提供了便利条件。

笔者建议，针对挪用资金类犯罪，应当从以下几方面进行防范：

一是增强法律意识，树立正确的产权观念。公司的财产具有独立性，从工商登记那天起，股东的出资就归属于公司而非股东个人。股东要想获得回报只能通过分红、转让股份、减资等方式，或在公司清算时分配剩余资产，其他方式的"取钱"都是有问题的。

二是加强企业法律培训。对公司管理人员、财务人员加强法律培训十分必要。企业可聘请法律专业人员为员工普及有关法律、法规知识，让企业员工对哪些行为涉嫌犯罪、犯罪后果如何等有清晰的认识，将犯罪欲望遏制在萌芽状态。

三是健全企业监督管理制度。阳光是最好的防腐剂，监督机制必不可少。企业应对财务、销售等重点岗位定期审计及对账，规范销售活动及档案管理。利用制度堵塞各种可能造成企业资金流失的漏洞，使得心怀不轨者"知难而不愿挪"。

三、罪名解析

《中华人民共和国刑法》第二百七十二条规定，公司、企业或者其他单位的工作人员，利用职务上的便利，挪用本单位资金归个人使用或者借贷给他人，数额较大、超过三个月未还的，或者虽未超过三个月，但数额较大、进行营利活动的，或者进行非法活动的，处三年以下有期徒刑或者拘役；挪用本单位资金数额巨大的，或者数额较大不退还的，处三年以上十年以下有期徒刑。

1.本罪的立案追诉标准

根据2016年最高人民法院、最高人民检察院《关于办理贪污贿赂刑事案件适用法律若干问题的解释》第十一条之规定，挪用资金罪的立案追诉标准与量刑标准见表5-4、表5-5。

表5-4　挪用资金罪的立案追诉标准

挪用资金时长	挪用资金情节	立案追诉标准
超过3个月	数额较大	10万元
未超过3个月	数额较大，进行营利活动	10万元
	进行非法活动	6万元

表5-5　挪用资金罪的量刑标准

罪名	情节		数额（万元）	刑期
挪用资金罪	数额较大	进行非法活动	6万元以上不满200万元	处3年以下有期徒刑或者拘役
		进行营利活动或者超过3个月未还	10万元以上不满400万元	
	数额巨大或者数额较大不退还的	进行非法活动	200万元以上的	处3年以上10年以下有期徒刑
		进行营利活动或者超过3个月未还	400万元以上的	

第七节　快递企业刑事法律风险防范的建议

针对快递企业刑事法律风险防范这一问题，除上文提出的针对性措施外，笔者认为还有以下方式值得探索和尝试。

一、改善快递行业生态

目前，快递从业人员流动性大、归属感不强，不少快递从业人员并未直接与快递企业签署劳动合同，企业也没有为其缴纳"五险一金"，快递企业对基层从业人员的直接管理较少。不少快递网点是通过加盟、承包等方式进入快递行业的，与快递企业实际上形成的是合作关系而非管理与被管理的关系。随着快递行业的不断发展，客户对于快递服务质量的要求也越来越高，以压缩成本、扩张规模为主要目标的加盟制度已无法适应未来快递行业的竞争要求。

2007年，京东集团决定自建物流体系，与快递员直接订立劳动合同，提供远高于行业的收入及"五险一金"。虽然在相当长一段时间内，京东物流持续亏损，财务报表非常难看，但最终京东靠物流做出了效益。京东物流提供的送货上门服务已经成为其显著的竞争优势之一。

快递企业可以逐步减少加盟制网点，逐步收编优秀的快递从业人员，适当提高工作待遇。虽然这些举措可能会在短期内牺牲一部分经济效益，但长期来看利大于弊。因为快递行业是以服务为核心的第三产业，对于从业人员的素质要求较高，未来我国人口红利将逐渐消失，优秀的从业人员将成为稀缺资源。况且，提高整体从业人员素质，建立从业人员的企业归属感，不仅有利于筛除极少数品质不佳的人员，也可以提高从业人员违法犯罪的成本，有助于降低快递从业人员违法犯罪的概率。

二、健全管理制度和考核模式

目前，快递企业普遍建立了以评价、投诉为基础的考核机制，采取"以罚代管"的管理模式，虽然这一模式对快递从业人员形成了显著的约束力，但也将让快递派送人员承担了过多的责任与压力，有必要适当进行平衡，否则快递派送人员由于压力、心理失衡所实施的激情犯罪未来还有可能重复发生。

笔者建议快递企业在给予客户评价、投诉权利的同时，也应当给予快递从业人员申辩、解释的权利，以遏制恶意投诉和不公正评价。快递企业应当进一步加强对快递运输全流程的监管，使物流程序更加透明，这不仅有助于明确不同环节的责任归属，也有利于遏制极少数快递从业人员违法犯罪行为。另外，快递企业也可以考虑与保险公司进行合作，针对客户投诉、快递破损丢失等情形定制一种保险，通过保险及时对客户赔付或补偿，分摊企业风险，而不是仅将相关责任全部归结在快递派送人员身上。

三、关注员工工作及心理状态

由于快递行业竞争激烈、劳动强度大，快递企业应当关注基层从业人员的工作及心理状态。快递企业普遍建立了评价和投诉机制，但对于受到不良评价及投诉的员工，不应当只是一罚了之，还应当深入了解产生的原因。如果从业人员压力过大或遇到其他困难，应当及时给予调整和帮助。

快递从业人员情绪爆发实施的激情犯罪，会对快递企业产生严重的负面影响，但快递从业人员的心理状态往往是一个非常容易被忽视的问题。笔者建议，企业可以在快递从业人员入职时就通过心理量表等工具对其心理状态进行评估，在入职后也要定期体检，及时发现员工可能存在的心理问题。如果条件允许，快递企业还可以进一步设置心理咨询室或心理咨询热线，为有需要的员工提供帮助。

第六章

快递企业并购合规

第一节　中国快递企业并购的时代背景

一、快递企业并购的趋势

TNT、DHL、Fedex、UPS等跨国快递业巨头在国际快递市场上驰骋多年，其龙头地位已经不易撼动，中国快递业虽然经历了几十年的发展，但作为新兴行业仍然有着较大的发展空间。近年来，为了争夺国内快递企业的龙头地位，国内的各大快递企业亦进入了兼并、收购的快车道，各种并购大事件层出不穷：海航集团收购天天快递控制权，阿里巴巴在巨额投资了星晨急便后，又匆匆低调投资了总部位于杭州的百世物流。百世物流对汇通快递的收购也已经完成，2017年圆通完成对中国香港上市企业先达的并购，随后，2018年阿里以13.8亿美元入股中通。

中国的快递业近些年每年都以20%以上的速度高速增长，2—3倍于我国的GDP增速。可以说，从近年来看，快递行业的发展潜力是巨大的。在这个高速发展的过程中，收购、兼并等并购方式是目前国内快递企业快速发展过程中的重要方式。2020年初，突如其来的新冠肺炎疫情严重影响了快递行业的正常运转，也在一定程度上加速了快递行业的洗牌，同时，一些客观因素亦驱动着快递行业的并购进行。

二、《邮政法》促使小规模快递企业进行并购重组

根据2015年4月24日修订并颁布生效的《中华人民共和国邮政法》第

五十二条的规定，申请快递业务经营许可应当具备下列条件：（一）符合企业法人条件；（二）在省、自治区、直辖市范围内经营的，注册资本不低于人民币五十万元，跨省、自治区、直辖市经营的，注册资本不低于人民币一百万元，经营国际快递业务的，注册资本不低于人民币二百万元；（三）有与申请经营的地域范围相适应的服务能力；（四）有严格的服务质量管理制度和完备的业务操作规范；（五）有健全的安全保障制度和措施；（六）法律、行政法规规定的其他条件。

在新法的要求下，进入快递行业的门槛被大幅提高，经营同城快递服务的快递企业，注册资本要达到50万元以上，经营异地快递服务的快递企业，注册资本要达到100万元以上，经营国际快递服务的快递企业，注册资本要达到200万元以上，这就逼迫小、微型快递企业要么增加投资，要么关门或被其他快递企业收购。这也进一步推进了快递企业间的并购。

大型快递企业为争夺市场份额、实现跨越式发展，不断地进行兼并、收购；小微快递企业在新法的要求下，也不断谋求并购或被并购。在这样的时代背景下，快递企业无论大小都进入了"并购时代"。因此，对快递企业并购过程进行合规的管理和操作就显得尤为重要。

第二节 快递企业并购常见的合规风险

并购风险主要指快递企业在并购过程中，没有达到并购事件预先设定之目标而给公司正常经营、发展、管理带来的影响。通常表现为以下几种形式：一是因各种原因没有完成并购导致损失；二是并购虽然成功了，但是收购标的并不符合收购方之预期带来的损失；三是虽然收购标的没有问题，但是实际经营过程中出现各方面问题导致损失。本节试从以下层面，简要介绍快递企业并购过程中可能出现的并购合规风险。

一、法律层面合规风险

在快递企业并购过程中，并购活动将涉及邮政法、公司法、税法、证券法、反垄断法、劳动法等各个层面的法律问题，如并购双方没有就并购过程中的法律合规做到审慎审查，就可能导致并购目的的落空。尤其是我国幅员广阔，对快递企业，各地区常常会推出当地的监管、合规政策，如果没有进行仔细的法律合规审查，可能会导致并购失败。在跨国并购的过程中，各国法律的差异也对并购的实施提出了新的挑战。

二、出售方虚假陈述风险

在并购过程中，出售方为了提高目标公司的售价或估值，往往可能出现虚假陈述、隐瞒重大债务等情况。若收购方在交易前，没有对目标公司进行详尽的尽职调查，则很可能高估目标公司的价值或没有预料到可能存在的风险或债务，支付较高的对价，从而产生损失。

三、员工安置合规风险

在快递企业并购过程中，员工安置是一个重大的问题。快递企业属于劳动密集型企业，在某些场合的并购下，收购方可能希望得到的核心资产是被收购快递企业的品牌、物流网络或其他无形资产，但对于被收购企业原有员工的安置，如何妥善处理，是收购方不得不面对的一个重大问题。

根据《中华人民共和国劳动合同法》第四十八条的规定，用人单位违反本法规定解除或者终止劳动合同，劳动者要求继续履行劳动合同的，用人单位应当继续履行；劳动者不要求继续履行劳动合同或者劳动合同已经不能继续履行的，用人单位应当依照本法第八十七条规定支付赔偿金。

如收购方不愿意接纳目标公司原有员工的，大可通过协商或直接违法解除（支付双倍经济赔偿金）的方式解除目标公司原有员工的劳动合同。但是，如果被解雇的员工数量较大，大量人员失业将造成社会问题的出现。出于维稳的需要，政府可能因此介入，要求收购方继续雇用目标公司员工，这将给收购方带来沉重的人力成本负担，可能导致收购目的的落空。

四、资产确权合规风险

在快递企业并购的过程中，不同的并购案例中对于目标公司的价值可能会有不同的考虑，有的并购的核心价值是目标公司的品牌，有的并购的核心价值是目标公司的物流网络，有的并购的核心价值是目标公司的网点、车辆、人员，还有的并购的核心价值是目标公司的技术。并购过程中有不同的核心资产，并不是只要收购了目标公司的股权，就能直接占有或掌握其相应利益。

比如，如果并购的核心是目标公司的品牌，那么必须考虑品牌是否确实在目标公司名下（部分企业的品牌可能会掌握在创始人手中），如果并购的核心是目标公司的某项技术，该技术是专利技术还是非专利技术，专利技术是否已经登记在公司名下，是否可能侵犯其他第三方的在先技术？如果是非专利技术，那么相关技术具体掌握在哪些核心人员手中，核心人员是否与目标公司签署了恰当的协议以保障该非专利技术能且只能归目标公司使用（否则员工一旦离职，目标公司则很可能丧失该项技术）。

因此，在确定并购的核心资产时，如何确保核心资产能够在收购完成后得到有效利用，是在并购合规过程中需要重点关注的内容。

五、经营管理风险

在并购完成后，收购方将获得目标公司的控制权；但如何对目标公司开展有效的控制及经营管理，也是实现并购需要重点考量的问题，如果在收购后收购方不能实际掌握目标公司的经营权，不能实际形成对目标公司的控制，则并购的目的将会落空。

六、企业文化、理念风险

在并购完成后，两家企业的整合、文化理念是否能够融合，是否能够齐心协力发挥出更大的规模化效应，也是收购方值得考量的问题。比如在2009年的惠普电脑和康柏电脑并购的案例中，惠普电脑作为当时全球第三大的PC生产商收购了当时全球第二大的PC生产商康柏公司，但两家公司经营理念、文化理念差异较大导致在业务整合的各个方面都难以达到较好的融合，整合不但没有实现"1＋1＞2"的效果，反而出现了较大的业绩下滑，收购当年第二季财报显示比上年同期下降了26%。因此，企业文化、理念是否能够较好地融合，也是并购合规中需要考量的因素之一。

并购过程中的合规风险，还包括政策风险、社会环境风险、市场体系风险、战略风险、融资风险、支付方式风险等，本书在此不做赘述。如何较好地完成快递企业并购合规，降低并购过程中的种种风险，下文将逐一介绍。

第三节　快递企业并购合规指引

一、快递企业并购前期准备

1.前期并购意向标的选择

在快递企业并购合规过程中，前期意向并购标的选择是极为重要的，通常而言，要注意以下几个方面。

（1）并购标的的选择

如本章第一节所言，并购可以实现已有资源的整合，实现跨越式的发展。相比于重新从零开始建立某项业务，并购在时间上的优势是显而易见的，在竞争尤为激烈的当下，选择并购而不是重新开发某项业务，已经成了大量成熟企业谋求发展的重要途径。并购在发展战略上的选择主要有两个方向：一是横向并购，指将经营同类或相似业务的竞争对手收购，使得规模进一步增大；二是纵向并购，指收购产业链上下游或存在其他协同作用的公司，其优点除了扩大规模外，还能整合资源，加速生产流程、降低成本。

（2）组建并购团队

在快递企业并购的过程中，除了并购标的的选择需要由企业负责人或专门的并购团队负责外，在确定并购标的后，大部分工作应当聘请专业团队完成，旨在为整个交易过程提供更为专业的意见及尽可能多地发现并购标的的潜在风险，以促成交易高效地完成并降低相应风险。

在快递企业并购的过程中，由于我国快递企业大多还未形成资源多样化的大型财团，由企业内部相关部门处理并购交易往往显得专业性不足。相较于并购标的而言，聘用中介机构带来的帮助是实实在在的，基本上，无论是在快递企业并购或是其他企业并购的过程中，外聘中介机构都是极为必要的。中介机构能够通过明确的分工和各自的专业，极大地降低交易风险，提高交易效率。常见的并购中介机构有以下几类：

① 会计事务所

在并购过程中，掌握目标公司的过往财务数据，对于研判并购标的是否符合收购方的需求是极为重要的。对于出售方陈述的相关事实，也只有经过财务数据的比对后，才能在一定程度上验证是否存在虚假、不实陈述的情况。会计师在快递企业并购的过程中能够提供审计和评估服务，按照会计准则出具财务尽职调查报告，详细地作出目标公司的财务画像。同时，会计师可以参与并购方案的讨论，提供关于交易方案的意见，对财务和税收方面提供建议和意见。会计师还可以对收购方特别重视的资产进行评估，以确保其拥有出售方所声称的价值。

② 律师事务所

快递企业并购离不开律师提供的法律支持。首先，收购方需要律师对目标公司进行详尽的法律尽职调查，调查目标公司的主体资格是否合法、股权结构和内部组织架构是否有阻碍交易的事项、重要的法律文件是否存在法律风险、资产权属是否合法、人力资源情况是否存在法律风险等等事项，就目标公司可能存在的法律风险充分向收购方提示，以帮助收购方考量是否继续收购或要求降低收购价格。其次，在决定收购后，律师还能帮助设计交易方案并推进交易的合法交割。在交易谈判过程中，律师可以协助在法律框架下完善谈判条件。最后，在达成交易合意后，并购交易的双方也需要律师就已经谈妥的交易架构及交易条件撰写合同等交易文件，并在交割和整合期提供持续的法律支持。

③ 其他并购中介

a.银行及其他金融机构。对于小型并购交易，银行可以提供并购所需的贷款，对于大型的交易，银行及其他金融机构可以设立相应的并购基金，为并购提供资金服务。

b.研究机构。在快递企业并购的过程中，尤其是较大规模的并购中，企业对于国内外宏观环境，并购后行业趋势和发展等问题，是难以做出准确预判的，这时候就需要一定的咨询、研究机构提供专业的分析，以对并购结果做出预测。

c.公关顾问。公关顾问可以有效地提供谈判、协商策略，消除一些谈判上的障碍，通过引导舆论，对并购、政府、公众产生一定的影响。

（3）中介团队的选择

中介机构主要根据客户按照自身情况、交易情况及偏好进行选择。通常而言，选择在行业内具有丰富经验和大量优秀业绩的中介机构，对交易的推进无疑是有积极作用的，但是该等中介的服务费用往往也会偏高，收购双方可根据实际情况进行挑选。在此，需要注意的是，并购中介服务往往是纯智力服务，中介机构服务的质量参差不齐，在挑选中介机构时，应当避免唯价格论，否则可能会挑选到虽然低价但是服务质量极差甚至阻碍交易的中介机构。

2.估值

对目标公司的估值，通常可使用资产价值法、市场比较法、未来收益折现法等估值方法，不同的估值方法只能初步衡量目标公司的基础价值，但最终交易价格可以通过双方的协商来确定。

二、快递企业并购交易的法律文件

1.初期法律文件

在初步确定交易意向，中介团队组建完毕后，双方即可进入并购的初期准备。在开始相关工作前，双方往往需要签署一些初步的文件，以便交易顺利、安全地推进。

（1）保密协议

在尽职调查过程中，目标公司需要向收购方提供一系列公司文件，包括大量公司商业秘密信息。为了使目标公司能够放心地将相关文件提交给收购方或中介机构审查，双方应当签署完善的保密协议，这样有利于交易的顺利推进。笔者在服务过程中，也曾遇到收购方拒绝签署保密协议的情况，这样的行为会使目标公司不愿提供相关文件或降低提供相关文件的意愿，这将对律师和会计师撰写尽职调查报告造成严重影响，提升律师、会计师在报告中披露风险的概率，导致交易的不顺畅。因此，我们建议及时签署妥善的保密协议，以保障双方利益，促进交易的顺利推进。

（2）收购意向书

收购意向书是在双方达成初步意向后，就已经谈妥的核心条款进行固定的法律文件；同时，收购意向书通常还会在一定期限内锁定交易，约定双方不得在一定时间内投资竞争企业或接受其他投资方的收购请求，并明确尽职调查时间、尽职调查费用承担。一份完善的收购意向书，对收购双方都是一颗定心丸，有助于双方推进并购调查、协商。

2.尽职调查报告

在完成对目标公司的详尽调查后再安排交易架构及交易，是快递企业并购合规过程中需要极其重视的一个环节。调查的缺失，一是意味着收购方对收购所面临的风险不够清楚；二是意味着对目标公司各方面情况的了解不充分，在收购完成后，如何根据实际情况安排生产、经营亦需要对目标公司进行详细的了解。因此，在并购前，完成详细的尽职调查并仔细审阅尽职调查报告，是收购方值得注意的合规要求。

尽职调查报告一般包括业务尽职调查报告（通常由收购方业务团队或聘请专门研究机构出具）、财务尽职调查报告（由会计师出具）、法律尽职调查报告（由律师出具）。根据尽职调查侧重点的不同，收购方可能还会要求专门团队出具专门报告，以分析、研究目标公司的某项专门事宜，如税务尽职调查报告、人力资源尽职调查报告等。本文仅以法律尽职调查为例，提供读者大致了解尽职调查报告的相应流程及注意事项。

（1）法律尽职调查问卷的主要内容

在开展法律尽职调查前，律师会向目标公司提供法律尽职调查问卷，以便目标公司人员进行填写并准备相应材料，问卷内容及目标公司提供的材料将成为律师撰写法律尽职调查报告的基础，一份常规法律尽职调查问卷主要应包含的内容如下：

1.1 设立至今的全部工商内档

1.2 项目建议书及可行性研究报告

1.3 国家或地方计划发展（发展和改革）委员会及/或行业主管部门对项目建议书及/或可行性研究报告的批复

1.4 公司股东之间签订的内部合作及/或合资协议或补充协议

1.5 公司章程及其附件、章程的修改或补充（除工商备案的章程外）

1.6 公司资质文件（包括资质证书及资质年检表）

1.7 中国注册会计师就公司股东出资出具的验资报告

1.8 各股东出资的转账凭证、电子回单、出资证明

1.9 实物出资相关权属转移证明

1.10 公司进行经营活动所需的其他批准或许可文件

1.11 公司组织架构图及其说明（说明公司设立的职能部门及各部门的

职责）

1.12 公司董事、监事、高级管理人员、核心技术人员名单、简历

2.1 除已经在工商备案的股东会/董事会决议外，公司历次股东会/董事会决议

2.2 除已经在工商备案的相关协议外，公司历任股东转（受）让公司股权的股权协议及相关文件（如补充协议、从合同等）

2.3 除已经在工商备案的相关协议外，公司历任股东就转（受）让公司股权的股东会/董事会决议

2.4 公司股东是否存在股权代持的情况

2.5 公司现任法人股东投资公司的股东会/董事会决议

2.6 公司股东是否进行股权质押及相关质押合同、说明

2.7 公司股东股权是否存在被查封的情况

3.1 公司设立的所有分公司或分支机构的设立文件及相关资料（若是重要分支机构，还应按照总公司标准另行开展调查）

3.2 公司与其参股的所有子公司的股权关系架构图，并提供公司所参股的所有公司的设立文件（若是重要子公司，还应按照母公司标准另行开展调查）

3.3 公司最近一期及基准日的财务报表

3.4 公司历年的会计师事务所审计报告

4.1 国有土地使用权出让合同以及出让合同的所有附件（招标、拍卖、挂牌文件等）、补充合同，协议出让土地的政府批准文件

4.2 划拨土地（如有）的批准文件

4.3 国有土地使用权转让合同及其附件、补充合同

4.4 土地使用权出让金或土地使用权转让款的支付凭证

4.5 土地管理部门出具的有关土地使用权出让金支付情况的证明和土地

出让金清缴证明书等

4.6 土地契税的缴纳凭证

4.7 土地使用权证书

4.8 上述土地的抵押情况或其他性质的他项权益（附相关合同）

4.9 上述土地的查封情况（附相关诉讼、处罚资料）

5.1 房屋所有权证书

5.2 房屋契税的缴纳凭证

5.3 上述房屋的抵押情况或其他性质的他项权益（附相关合同）

5.4 上述房屋的查封情况（附相关诉讼、处罚资料）

6.1 公司全部商标列表及《商标注册证书》

6.2 公司全部专利列表及《专利证书》

6.3 公司全部著作权列表及《著作权登记证书》

6.4 各类正在申请的知识产权的申请文件

6.5 公司其他非专利技术清单及说明

7.1 公司固定资产清单

7.2 公司无形资产清单

7.3 公司货币资金清单

7.4 公司全部账户（包括外汇账户和人民币账户）清单及存款余额

7.5 公司应收款、其他应收款、预收款清单及相应的合同依据

7.6 公司车辆的行驶证

8.1 经担保的人民币贷款协议

8.2 未经担保的人民币贷款协议

8.3 经担保的外汇贷款协议（包括转贷协议）

8.4 未经担保的外汇贷款协议（包括转贷协议）

8.5 还贷情况及计划

8.6 人民银行出具的《企业信用报告》

8.7 担保合同（包括保证、抵押及质押）及其登记备案证明文件

8.8 公司签订的相关借款合同

8.9 借款合同相关的转账凭证及还款情况说明

9.1 公司花名册（包括但不限于在职职工、待岗职工、内退职工、退休职工、停薪留职人员、借调借用职工、临时工及其入职时间、岗位、是否签订劳动合同、是否缴纳社保和公积金等内容）

9.2 管理人员和一般员工的福利待遇情况说明，以及员工期权计划、利润分配协议及执行情况

9.3 员工手册和规章制度

9.4 集体合同或任何其他合同或协议

9.5 劳动合同（提供样本，如员工人数少于30人，则提供全部员工劳动合同复印件）

9.6 社会保险、公积金缴纳情况（前往社保部门调取或通过互联网查询）

9.7 公司高管签订保密协议、竞业限制协议的清单及相应协议

10.1 列明公司根据现行法律、法规和政策应缴纳的各种税费的种类、税款金额及纳税期限、地点等相关情况

10.2 公司获得的任何其他税务优惠及其证明文件

10.3 公司完税和欠税情况说明（前往税务部门调取或通过互联网查询）

11.1 公司日前在中国境内外是否涉及或可能涉及刑事诉讼、民事诉讼（包括破产程序）、仲裁或其他任何司法程序、行政程序，并请提供相关情况说明及有关证明文件

11.2 目前可能引起上款所述程序的任何事件（如履行合同过程中的违

约事件、违反法律的情况、合同双方发生争议、客户投诉等）的详细情况及证明文件

11.3 目前尚未执行完毕的仲裁机构、司法机构及行政机构的裁决、判决及决定

11.4 为执行有关仲裁机构、司法机构及行政机构的裁决、判决及决定而达成的有关协议（包括但不限于和解协议、支付协议、补充协议等）

11.5 涉及公司员工、且尚未处理完毕的工伤、意外、交通事故的情况及证明文件

11.6 任何与公司相关的清算及破产程序

11.7 公司设立以来被政府主管部门处罚或罚款的文件及情况说明

12.1 重大项目合作协议

12.2 主要业务协议及模板

12.3 载有任何非正常条款（包括规定有不对等权利义务条款或非正常市场价格条款）的合同或其他文件

12.4 其他单个或一年内累计涉及金额在 × 万元以上的合同

12.5 与任何股东或董事、监事及其他高级管理人员，或与董事、监事及其他高级管理人员或股东拥有的公司签订的任何协议或作出的任何安排

12.6 与关联公司签订的合同

12.7 公司使用的所有格式合同（包括但不限于销售合同、职工劳动合同等）

12.8 对公司业务及经营活动有重大影响的其他合同，如联营协议、互不竞争协议、市场分配协议

12.9 公司前十大客户清单及正在履行的业务合同

12.10 关于上述合同履行情况的说明

12.11 公司曾经向行政部门出具的承诺书

12.12 公司曾经向合同相对方（包括承包商以及客户等）出具的承诺书

13.1 现有的排污许可证及提交的申请

13.2 排污费缴纳证明文件

13.3 公司建设项目环评报告、环保部门环评批复、验收监测报告、竣工环保验收文件

13.4 安全生产许可证

13.5 公司因违反环保或安全生产而遭受处罚的相关文件

13.6 公司产品、服务质量所遵循的标准（包括国际、国内、行业或企业标准）

13.7 公司获得的质量认证证书

13.8 公司产品符合质量和技术监督标准的证明文件

14.1 请说明公司是否存在关联企业

"关联企业"是指：① 直接或间接控制公司的企业控制的其他企业；

② 公司的关联自然人直接或间接控制的其他企业，担任董事高级管理人员的其他企业。

"关联自然人"是指：① 直接或间接持有公司5%以上股权的自然人；② 公司董事、监事及高级管理人员；③ 公司直接或间接控制的公司的董事、监事及高级管理人员；④ 第 ①—③ 项所述之关联自然人的近亲属（配偶、父母、了女、兄弟姐妹）。

14.2 提供董事、监事、高级管理人员对外投资、对外兼职企业名单及职务

14.3 介绍关联企业的业务范围、经营方式及对公司的影响

14.4 公司与关联企业是否存在交易往来，交易是否公允

（2）法律尽职调查报告的相关核查

律师在完成问卷和相关材料收集后，开始撰写法律尽职调查报告前，

还会根据实际情况开展以下活动:

① 管理层访谈,根据问卷及材料显示的情况,就公司核心问题及业务情况,与目标公司管理层进行交流。通过谈话的情况与问卷、材料的比对核查法律风险。

② 政府部门核查,通过从政府部门等第三方机构调取的数据,核查目标公司提供的材料,核查法律风险。

③ 文件核查,通过从各方面取得的资料进行比对,核查法律风险。

④ 其他核查,根据目标公司的实际情况,还可能通过主要业务伙伴访谈、征询函签发、互联网查询等多种渠道,进行核查。

(3)法律尽职调查报告的主要内容

① 序言

法律尽职调查报告的序言主要包括以下内容:

a.本次调查的起因、目的、调查对象和调查范围。

b.本次调查的时间、方法及限制。

c.假设性提示。在客观上无法核查所有文件签字、盖章者真实性的前提下,除非有明显的相反证据,律师将假设目标公司提供的文件均是真实、完整、有效的。

d.出具尽职调查报告的免责限制及声明。

② 重大问题提示

在本部分,律师会重点对在尽职调查中发现的重要问题进行详细的披露及说明,提示收购方可能会发生的法律风险并提供适当的解决途径。

该部分是对交易重大问题的重点提示,收购方应当着重审查该部分内容,考虑律师发现的重大问题是否会对交易产生实质性影响,考虑律师提供的解决方案是否能实现收购方的交易目的。在重大法律问题都能够被解决或接受的前提下,交易才能够顺利地推进。

另外，有时律师发现的问题，还可以成为收购方价格谈判的筹码。因此，该部分内容是需要收购方重点关注之部分。

③ 目标公司基本情况

在本部分，律师将从公司的基本情况、股权结构、历史沿革、业务情况、主要资产、重大债权债务、环境保护、产品质量、劳动用工等方面仔细介绍目标公司的情况，是目标公司的详细法律描述。

该部分对收购方完成对目标公司控制权转移后的经营较为重要，收购方应当审查该部分内容，并根据该部分内容制定相应的经营、管理规划。

④ 附件

该部分内容主要包括：

a.不方便插入报告正文的各类表格、统计数据、清单。

b.出具报告所依据的文件及资料。

c.其他需要在附件中列明的信息。

三、快递企业并购的交易架构设计

1.股权转让方式交易与增资方式交易

并购的股权交易，通常会有股权转让和增资两种方式。两种方式各有优缺点及适合的场景，现介绍如下。

（1）股权转让

股权转让模式下，收购方将受让目标公司股东所持有的全部或部分股权，以实现交易的完成。该种交易的出售方是目标公司股东，目标公司股东出售股权后，需要依法缴纳相应税费，股权出售的对价依法属于目标公司股东。股权转让后，转让股权的股东将退出公司。

（2）增资交易

增资交易模式下，收购方将受让目标公司增发的股权，以实现交易的完成。该种交易的出售方是目标公司，而不是目标公司股东。收购方认购的是目标公司增发的股权，依法不需要缴纳相应税费，股权增发的对价依法属于目标公司。增资交易完成后，原股东依然还是公司股东，只是其股权比例将被相应稀释。

因此，根据不同的收购目的，收购方应选择不同的交易方式。如交易是需要全额收购目标公司，获取完整的控制权，则应当使用股权转让的方式进行交易。但如果交易目的只是战略投资，希望原股东能够继续经营该公司，则通常会使用增资的方式进行交易。增资的资金属于公司，公司应当使用该资金作为经营发展的资金，而不属于目标公司原股东。而且，增资交易不会产生所得税，大大降低了交易成本。

2.资产交易与股权交易

根据交易目的的不同，律师在设计交易架构的时候，还可能根据实际情况设计资产交易而非股权交易的交易架构。

（1）资产交易

在资产交易模式下，收购方仅收购目标公司部分资产，而非收购目标公司股权，比如，土地使用权、机器设备、知识产权等，采用资产交易方式，收购方不需要承继目标公司的负债，也不需要处理目标公司的人事、劳动争议问题。

（2）股权交易

在股权交易模式下，收购方通过股权转让或增资的方式收购目标公司全部或部分股权，对于所持有股权所对应的公司资产、债务，从法律上均要承担责任。

根据收购目的的不同，收购方应当选择不同的收购方式，根据不同的实际情况处理相应的问题。

笔者曾处理过这样一单并购业务，原收购方拟收购目标公司100%的股权，但经过尽职调查后发现，目标公司属于初创公司，设立五年已经有大额盈利，但因为业务模式原因税收缴纳事项不符合收购方要求，而收购方系上市公司，如在该情况下收购目标公司，则有可能对上市公司产生巨大影响。

鉴于此，经过我们与会计师事务所团队分析，最终建议将目标公司的核心资产进行剥离，完成资产收购，目标公司的核心团队直接入职收购方的子公司，通过该种方式完成交易。原目标公司由原股东自行清算、处理，这样，既实现了收购方的目标，又避免了目标公司原有问题给收购方带来风险的可能。

四、并购协议的特殊条款

在尽职调查完成，商务谈判结束，交易架构确定后，双方将进入并购协议的撰写阶段。根据交易架构的不同，双方最终签署的可能是股权转让协议、增资协议、资产转让协议（以下统称"并购协议"）。

在此阶段，双方将进入并购协议的撰写和协议条款谈判阶段。笔者作为服务大量并购项目的专业并购律师，在此提示读者，在并购协议的起草过程中，初稿的起草权是极为重要的，收购方万不可图省事，让被收购方自行起草协议或者随意从网上下载一个协议模板使用。在协议初稿的起草过程中，作为收购方的律师，应按照收购方有利的方式去设计合同结构及合同条款，在初稿形成后，通常对方只能在条款的细节上进行修改，对于整个合同的结构和重要条款并没有过多的谈判空间。因此，初稿的起草权是极为重要的。

作为收购方的律师，通常会为收购方设计以下并购协议的特殊条款：

1.陈述与保证条款

许多读者可能在阅读一份合同尤其是并购合同的时候，会忽视最前面的陈述与保证条款，但在并购协议中，该部分是极为重要的。虽然收购方可能已经对交易和目标公司进行了完整的尽职调查，但是尽职调查往往不可能是完美的、没有任何瑕疵的（比如对外担保问题，考虑到一份担保文件只要目标公司盖章就足以使其生效，如果被收购方刻意隐瞒，尽职调查时是无法发现的）。而在完成公司收购后，债权人将直接要求公司返还款项，此时公司已经是收购方控制的实体，相关债务的承担将使得收购方权益下降。因此，只有一份描述完整、有效的陈述与保证条款，才可以使得收购方在承担公司债务后，能够完整地向目标公司原股东进行追索，以保证收购方权益。

2.股权调整条款

股权调整条款是风险投资或战略投资的必备条款之一。本条款的基本内容是：目标公司应当在一定期限内承诺达到某一业绩，若未能达到的，则按照双方约定的标准对股权比例或价格进行重新调整。

3.股权回购条款

股权回购条款也是风险投资或战略投资的必备条款之一。本条款的基本内容是：被收购方应当给收购方一定的承诺，如5年内完成上市或被合格并购，若被收购方未能完成这一承诺的，则被收购方应当按照交易价格加上一定比例固定收益的标准，完成对股权的回购。

4.反稀释条款

反稀释条款也是风险投资或战略投资的必备条款之一。本条款的基本内容是：在新一轮的投资人进入的时候，如果新一轮投资人进入的价格比收购方进入的价格更低，则收购方有权按照新的价格重新调整股权，以此避免目标公司恶意增发股权造成收购方股权稀释的情况发生。

5.优先清算条款

优先清算条款也是风险投资或战略投资的必备条款之一。本条款的基本内容是：若目标公司因经营不善可能进入清算阶段的，则收购方应当优先从剩余资产中取回投资款，剩余金额再由创始股东进行分配。

6.领售权条款

领售权条款并不是风险投资或战略投资的必备条款之一。该条款是否需要在合同中保留，需要靠谈判双方的交易地位和协商确定。本条款的基本内容是：若目标公司难以在预期的期限内上市，当前存在意向收购方，收购价格也公允，但目标公司创始团队不愿意出售股权，则收购方有权直接按照合同已经事先约定的价格要求创始团队一并将公司股权向第三方出售。

第七章

快递企业反舞弊调查

第一节　国际舞弊与反舞弊现状

舞弊问题遍布全球各种类别、各种规模的经济组织，已成为一个日益严重的全球性问题。根据美国注册舞弊审核师协会（ACFE）发布的《2018全球舞弊研究报告》[①]显示，仅其搜集的自2016年1月至2017年10月被调查的舞弊案例就达2690例，来自全球125个国家，涉及23大类行业，可见舞弊问题遍布范围之广、数量之多；舞弊所造成的损失难以准确计算，单是被调研案件造成的总损失就超过71亿美元，可见舞弊造成的损失之大、危害之巨。目前，我国快递行业已进入迅速发展的快车道，快递行业的竞争也日益白热化。为降低舞弊问题对企业发展的危害，快递企业有必要建立一套行之有效的反舞弊制度，以保证其在激烈的竞争中持续健康发展。

一、常见的舞弊方式

在过去的20年中，尽管随着科技的迅猛发展和全球商业和监管环境的巨大改变，舞弊者实施舞弊的主要方式依然是下列三种：资产挪用（asset misappropriations）、贪污（corrupt）和财务报表舞弊（financial statement fraud）。其中，资产挪用是最常见的方式，但造成的损失却是最小的；第二常见的方式是贪污；第三常见但造成损失最大的是财务报表舞弊。值得注

[①] 2018 Report to the Nations. Copyright 2018 by the Association of Certified Fraud Examiners, Inc.

意的是，舞弊者会抓住任何可以实施舞弊的机会进行舞弊。调研案例中，有接近1/3的舞弊案涉及一种以上的舞弊方式。而舞弊者最常用的掩盖舞弊的方式有：实物文件造假或篡改、在会计系统中虚构或篡改交易、电子文件造假或篡改、毁灭实物文件或电子文件、日记账分录造假等。

二、舞弊的发现机制

举报（tips）、内部审计（internal audit）和管理评审（management review）是舞弊被最初发现的三种最常见的方式，其中举报是最常见的方式。舞弊的发现方式分为三种：积极的（比如IT控制、内部审计、管理评审、会计对账）、消极的（比如偶然发现、舞弊者坦白、警方通知）、潜在的积极或消极的（比如举报、外部审计）。

三、企业反舞弊控制措施

目前企业反舞弊控制措施主要有18种，分别是制定行为准则、财务报表的外部审计、设立内部审计部门、财务报表管理认证、对财务报表内部控制的外部审计、管理评审、举报热线、独立审计委员会、员工支持计划、反舞弊政策、员工反舞弊培训、管理层反舞弊培训、专职反舞弊部门、正式的舞弊风险评估、突击审计、主动的数据监测或分析、轮岗或强制休假、举报者奖励。其中企业采用最多的措施为制定行为准则（80%）、财务报表的外部审计（80%）、设立内部审计部门（73%）、财务报表管理认证（72%）。

四、舞弊案例的处理结果

受害企业对舞弊者的处理，主要可以分为两大类：一是企业内部处理；二是以法律途径处理。企业内部处理方式主要有解雇、和解协议、允许或要求辞职、停职查看、无任何惩罚。以法律途径处理的方式有刑事报案、提起民事诉讼，采取哪种方式受经济损失的规模、证据强弱和公诉裁量权等因素的影响。

第二节　国际舞弊与反舞弊理论

随着企业舞弊问题的日益突出，对舞弊产生的原因和预防、控制舞弊的研究也日趋成熟，国外已形成比较成熟、系统的企业舞弊与反舞弊理论。目前企业舞弊理论主要有三角理论、GONE理论和风险因子说理论，反舞弊理论主要是四层次机制理论。[①]了解国外舞弊与反舞弊理论，可为我国快递企业有效应对舞弊问题提供有益的借鉴。

一、三角理论

创建美国注册舞弊审核师协会的W.Steve Albrecht首先提出了舞弊三角这一理论。该理论认为压力要素、机会要素和自我合理化要素共同作用，会导致企业舞弊的产生，三要素缺一不可。（1）压力要素是舞弊者在某种压力刺激下进行舞弊，主要的压力类型有经济压力，赌博、吸毒等恶习压力，工作得不到肯定、报酬远低于自己工作付出等与工作相关的压力。（2）机会要素是有进行舞弊又不被发现或惩罚的时机，舞弊者有可乘之机

---

①李若山、郭牧：《企业舞弊与反舞弊的国际理论探析》，《理论研究》1999年第1期，第3—7页。

主要是因为企业缺乏有效的内部控制制度和强有力的惩罚措施。（3）自我合理化要素是舞弊者为了能"心安理得"地实施舞弊行为，内心不会受到良心谴责，而为自己寻找开脱的理由，比如挪用资金时舞弊者认为自己不过是短期借用而且用完会归还，自己的工作本应获得更多的报酬。

二、GONE理论

GONE理论认为，企业舞弊由Greed（贪婪）、Opportunity（机会）、Need（需求）、Exposure（暴露）四因子组成，即舞弊者有贪婪之心，对钱财或其他利益有强烈的需求，舞弊者只要有进行舞弊的机会，并自认为在事后不会被发现，就会进行舞弊。

三、风险因子说理论

GONE理论被进一步发展完善，形成了风险因子说理论。该理论认为，一般的风险因子与个别的风险因子是企业舞弊产生的风险因素。一般风险因子是指舞弊产生的客观因素，包括实施舞弊的机会、舞弊被发现的可能性和舞弊被发现后被惩罚的力度。个别风险因子是指舞弊产生的主观因素，与舞弊者的道德品质和动机相关。

四、反舞弊四层次机制理论

四层次机制理论首先出现在1987年Treadway委员会的调研报告中。该理论认为，企业可以通过建立如下四个层面的防控制度来预防和发现企业舞弊：（1）高层的管理理念。高管人员必须能够辨别导致企业舞弊的各种风险因素，完善并有效执行公司的管理规章制度，以预防和及时发现企业舞弊行为。（2）内部控制系统。由控制环境、风险评价、控制活动、信息沟通以及监控五个要素组成。（3）内部审计。有效的内部审计对于防止企业财务报告舞弊有重要作用。（4）外部独立审计。相较于前三道内部防线，外部独立审计是最后一道防线，为确保最后防线的有效性，必须保证外部审计客观、独立的鉴证地位。

五、反舞弊法案——《萨班斯-奥克斯法案》

美国国会于2002年通过《萨班斯–奥克斯利法案》（*Sarbanes-Oxley Act*），这是美国第一部与内部控制有关的法规。《萨班斯–奥克斯法案》的核心是通过完善内部控制制度，确保审计的独立性及加强信息披露等增强财务报告的可信度，预防财务报告舞弊。笔者将法案中与反舞弊密切相关的条款予以梳理如下：

（1）强化公司高管对财务报告的责任。

（2）完善内部控制制度。在美上市企业必须根据该条款的要求建立非常细化的内部控制机制。

（3）强化公司内部审计的独立性。

第三节　反舞弊内容

反舞弊就是在符合现行的法律法规的规定下，通过企业内部控制和外部监察两方式相结合，共同打击、抵制企业腐败行为。同时，企业与外界社会构建一个良好的信息沟通的平台，针对反舞弊的知识不断更新学习，从而更新、完善自身的反舞弊制度以及反舞弊措施。构建企业内部控制体系是预防、发现舞弊的重要举措，企业需要制定一套内部控制制度以预防和治理企业内部舞弊、腐败行为。其中不仅包括形成一套揭示、反馈问题的检查性控制，还需实施企业内部审计。目前，美国反虚假财务报告委员会下属的发起人委员会于1992年9月发布的《内部控制整合框架》（简称COSO报告）中的COSO内部控制整合框架已在全球范围内得到广泛认可，其中包括针对企业生产运营过程中存在的舞弊风险进行防控，并严厉打击舞弊行为，同时严格监督企业内部控制体系，进一步提高企业经营管理水平和增强风险防范能力，促进企业的可持续发展，维护市场经济秩序和社会公众利益。在COSO内部控制整合框架的基础上，根据国家有关法律法规，财政部会同证监会、审计署、银监会、保监会制定了《企业内部控制基本规范》（财会〔2008〕7号），该规范于2009年7月1日起在上市公司范围内施行，并同时鼓励非上市的大中型企业执行。其中基本规范共七章五十条，包含总则、内部环境、风险评估、控制活动、信息与沟通、内部监督和附则。COSO内部控制整合框架与《企业内部控制基本规范》两个规范已将反舞弊工作的大概内容予以罗列。一般的企业内部控制内容包括预防舞弊者体系，建立内部调查机制，严厉打击、制止舞弊行为，建立监察、举报制度等。

一、预防舞弊体系

反舞弊工作的关键环节在于预防，事前预防能最大限度地减少舞弊行为的出现，将损失降到最低。搭建事前预防舞弊发生的自行检查体系，构建舞弊风险评估系统，制定反舞弊合规企业文化，将清廉的文化宣贯在整个企业的生产运营中，设定标准底线，增强预警意识，减少舞弊借口，将舞弊行为的发生率降到最低。

1.构建廉洁、正直、积极的企业文化

快递企业管理层需构建一个廉洁、诚信、正直、积极的企业文化，并建立廉洁教育机制，定期组织反舞弊培训课程，提高员工个人的思想道德品质，增强员工的成就感和归属感。同时，企业可向员工层层传递"不能腐、不敢腐、不想腐"的反舞弊工作理念，进而引导员工自觉抵制腐败，一同参与到企业反舞弊的工作中，为创建风清气正的企业商业环境出力。

2.舞弊风险评估

对企业生产运营各环节中发生舞弊的风险和概率进行全面评估，提高发现舞弊的概率，并且构建定期的"自行检查"机制，定期对企业的舞弊风险进行全面的评估。在评估所得结果的基础上，针对不同岗位存在舞弊风险的级别，有针对性地制定相应的预防措施，及时完善企业管理体系及企业治理的规章制度。企业还需在舞弊风险评估报告的基础上，设计一套完善的舞弊风险应对措施。一旦发现舞弊行为，企业也可从容面对，将舞弊行为带来的损失减至最低。

3.制定廉洁及反舞弊制度

大多数企业内部均按照自身的生产经营特点制定了一套廉洁与反舞弊制度。制度的缺陷，缺乏对舞弊者的处罚，都是引发舞弊风险的重要因素。一套完善的廉洁与反舞弊制度，不仅能让企业的反舞弊工作有序地开展，还能让员工在开展反舞弊工作时有据可依。很多企业对于不构成刑事犯罪的舞弊者都没有给予一定严肃的处理，涉案员工并没有因此受到警示教育，可能会重复舞弊行为。反舞弊制度中着重的内容应包含各项反舞弊工作责任需落实到人，并且针对舞弊者制定严厉的处罚措施。现今是大数据时代，很多舞弊风险愈发隐蔽，且舞弊行为层出不穷，而反舞弊制度存在滞后性，反舞弊制度需不断地更新及完善，最大限度地适用于企业的发展需求。特别是企业出现舞弊行为后，不仅要对舞弊者予以严厉的处罚，

还要及时针对出现舞弊行为的岗位明确规则，对整体反舞弊制度进行调整、更新，预防同岗位的员工再次犯错，防止舞弊风险重复发生。

二、建立内部调查机制

建立一个内部调查机制来回应舞弊指控是组织反舞弊的重要一环，同时，建立内部调查机制可以有效地防范企业的舞弊行为，并完善企业内部控制环境的建设。

1.进行舞弊调查

舞弊调查需要定期开展，不仅仅是在收到舞弊指控的情况下才进行的，对于舞弊风险级别高的重点岗位，更需定期进行排查。进行舞弊调查，形成舞弊调查的工作报告，并对是否存在舞弊行为作出结论。舞弊调查团队视舞弊行为的严重等级向反舞弊部门或直接向决策层报告。

2.证据的获取及分析

对于确实存在舞弊行为的案件，调查团队应及时调查取证，固定关键、主要证据。由于目前大多数企业在日常的生产经营中均采用电子化办公，因此，涉及相关舞弊行为的证据大部分为电子证据，存在极大可能的灭失风险，致使企业在证据的获取上面临极大难度。更为复杂的是，由于证据的固定涉及后续的处理，包括通过举报刑事犯罪或者民事诉讼途径等处置，故无论证据的形式还是获取的途径均需要符合法律的规定。这对于企业来说是十分专业的，而一般企业配置的法务人员并没有诉讼的经验，故大多数企业都需寻求律师的协助来完成取证工作。

面对收集起来的证据材料，调查团队需对相关的证据进行分析，即进行证据与案情之间的关联性的分析，同时还必须对收集的证据是否已形成一条完整的证据链、是否已达到证明标准等作出判断，而以上情形均能影响案件的处理，故取证如何与司法衔接就显得尤为重要，这也需要专业人士来把握指导，大多数企业均通过寻求律师帮助来完成调查工作、证据固定及证据分析。

3.对舞弊指控作出回应

舞弊调查团队不仅需要将最终的调查结论向企业反舞弊部门或决策层进行报告，还需向举报人等作出回应，同时还应及时通过企业的官网等平台对舞弊案件作出公布及通告。若舞弊调查团队经调查后认为舞弊指控不成立的，还需向举报人等作出释明，并且针对质疑进行解答。

4.止损

调查小组通常还负责维护组织的诚信和减轻舞弊行为造成的损失。

三、严厉打击、制止舞弊行为

在舞弊调查环节中确认存在舞弊行为的案件，企业应坚持"严查严办、有错必纠"的理念严厉予以打击，对其他员工起到警示作用。相关证据固定后，企业可根据舞弊行为的情节及涉案金额制定处理方案。若涉及刑事犯罪的，企业通过向司法部门报案的方式维权，追究涉案人员的刑事责任。一般情况下，企业反舞弊案件主要涉及的刑事罪名有职务侵占罪、侵犯商业秘密罪、侵犯著作权罪、非国家机关工作人员受贿罪等。若涉及金额不大或尚未达到刑事立案标准，企业通常会选择与员工通过谈判方式进行协商解决，以求更快解决问题。企业及其法律顾问律师与涉案员工进行谈判，通过和解协商，或者通过民事诉讼途径追回涉案款项，力求将损失减至最低。但对于涉案员工个人，应将相关的舞弊案件及时在企业内部通报，同时向中国企业反舞弊联盟进行反馈，在员工诚信档案中予以登记。

同时企业对舞弊行为处理结果要及时公开并接受大众的监督，若企业对舞弊行为的处理不及时、不严格、不公开，员工就可能存在侥幸心理，而及时公开处理结果，也会形成反舞弊的威慑作用，在一定程度消除了舞弊行为。

四、建立监察、举报制度

1.企业内部监察、监督

反舞弊部门是由数名员工构成的，企业需要通过制定监察、举报制度甚至设立一个监察部门，对反舞弊工作的开展进行监察、监督。这不仅对企业内部起到制衡的作用，也能让企业的反舞弊工作更为有序地推进。监察部门不仅应对反舞弊部门的反舞弊工作开展进行监察，也需对各生产运营部门的自查自纠进行监察，同时对舞弊行为的处理结果进行监察，对企业的财务、员工、资产、工作流程实行有效而严格的监管。舞弊风险产生的重要因素就是权利失控，在生产运营环节中，大多数身处与款项相关的岗位上的人及掌握职权的人都可能因为种种压力与动机产生舞弊风险。

2.外部监察

为确保反舞弊工作开展得更为有效，需同时配合外部的监察、监督。现在很多大型的快递企业会加入中国企业反舞弊联盟，接受联盟相关部门的监督。快递行业协会也有相应的调查与奖惩部门，企业也可以将行业协会监督作为外部监察的主要手段。对于企业的反舞弊工作进展需通过官网等平台予以公示，通过反舞弊透明化对企业的反舞弊工作进行监督。

3.建立举报制度

举报制度包含了对举报人保密、奖励、越级投诉等内容。企业搭建一个开放性的舞弊举报平台，供企业内部员工对身边的舞弊行为进行举报，同时也欢迎合作方、供应方、采购方、客户等通过举报平台对企业存在的舞弊行为进行举报。同时，对于举报人的身份信息要进行保密处理，使举报人能更为安心地举报腐败行为，通过给予奖励等途径能鼓励企业外的合作方、客户等积极向企业举报舞弊行为，让企业能更加及时地发现舞弊行为。

4.与外部构建信息沟通交流平台

由于舞弊行为形式多样，企业自身的反舞弊工作开展带有局限性，企业应搭建与其他企业或者外界社会信息互通交流的平台，针对最新的舞弊行为进行探讨，并通过学习各企业内部的反舞弊制度及反舞弊措施，对自身的企业反舞弊制度进行更新、改善。同时，共享同行业内舞弊者的诚信档案，遏制舞弊者再次实施舞弊行为。

第四节　反舞弊常设（管理）机构及人员

企业内部控制是企业防范舞弊的重要手段，应将其作为企业治理的常态化运行机构，企业内部应设置专门反舞弊部门，负责企业防治舞弊的工作。一般在国内的企业中均由审计部门作为企业反舞弊工作的常设机构。常设机构负责组织反舞弊工作和反舞弊工作的具体执行，各个业务部门应协助常设机构开展反舞弊工作，并承担本部门的反舞弊工作，将反舞弊融入企业的各个生产运营环节。反舞弊任务需落实到具体人员，企业管理层应作为反舞弊工作的主要责任主体，企业员工也应人人参与、人人监督。

1.企业管理层应作为直接责任主体，构建清廉、正直的企业文化，制定完善的反舞弊制度，组建专门反舞弊部门。

2.监事会或监事是企业常设机构或人员，主要职能是承担监督公司日常经营活动的责任，在反舞弊工作中，监事会或监事更应起到监督作用。

3.组建舞弊调查团队，主要的成员应为舞弊调查人员。其中舞弊调查人员需具备以下资质或技能：专业资格证书、以往调查经验、相关专业学习、以往反舞弊相关经验、以往在同行业公司工作经验、写作能力、财会审计经验、数据分析能力、访谈技巧、以往执法经验、计算机取证技术、在特定企业工作经验、掌握和使用特定软件。必要时还需聘用外部调查专家和审计师共同调查。在证据取证和分析环节，必要时需外聘律师协助。

4.对于舞弊员工的处理，需企业法务人员、人力资源部门、决策层共同评估和讨论后作出。若形成一致意见，还需听取工会的意见。工会也需参与其中，并且通过公布舞弊员工的案例对其他员工进行警示。

5.在企业反舞弊工作中，不仅要有企业内部检查，还需进行企业内部审计。审计委员会的人员需定期对企业进行审计，帮助企业防治问题。审计人员就是企业内部审计的主要责任人员。

6.针对企业的反舞弊工作，需要设立监察部门对相关工作执行监管。监察部门就是常设机构，而监察人员就是主要责任主体。

7.各个业务部门在反舞弊工作中均要做到自查自纠，各个业务部门的主管需定期向管理层、决策层汇报反舞弊工作的开展情况。

8.财务人员是重要的反舞弊工作的责任主体，负责对款项专人专项使用的监管，以及财务报表的真实、正确。

第五节　快递企业反舞弊工作的开展

一、舞弊的预防和控制

1.快递行业反舞弊的监察对象

反舞弊的监察对象包括企业的全体人员，一般包括与企业有劳动关系的人员、与企业有事实劳动关系的人员、与企业有劳务关系的人员、被任命至关联企业任职的人员。

反舞弊的重点监察对象一般是公司高管和重点管理岗位的员工。就快递公司来说，不仅包括总公司的高层管理人员、业务部门的负责人，还包括各区域公司的直接负责人、负责公司经营及调度平台的核心技术或数据的岗位人员、负责大客户的业务部门岗位人员，以及一线的快递配送人员。

2.快递行业反舞弊的管理难度

快递行业快件丢失、毁损及监守自盗的情况时有发生，一般寄件人不主张权利的，快递企业也就不了了之，不再进行内部调查和追责。这将导致基层的业务人员和管理人员抱有侥幸心理。同时，基层工作人员与企业的劳动关系往往并不稳定，一旦被发现，基层业务人员立即离职，公司往往也联系不到该人员。虽然快递业务的客单价可能不高，但企业对这种行为的处理态度也凸显了企业的社会责任感及业务管理能力，且会影响全体员工的工作态度。也就是说，除了建立反舞弊相关体系和制度，快递公司更应重视舞弊的预防工作。

近年来，大中型快递企业的业务自动化程度较高，但仍会存在由人工实施的业务环节，因此难免出现控制疏漏问题，比如快件接收的情况登记、货物分段运输的交接验收记录和工作监控缺失。在日常管理控制上也存在管理不到位的情况，比如对配送人员没有进行背景调查和身份核实的要求；没有对配送人员进行舞弊与反舞弊的相关培训；对快递配送人员的绩效考核有缺失或未能将快递丢失、毁损有效计入；未制定违规行为的处理办法，尤其是针对监守自盗没有严格的惩罚机制和措施；由于行业经营特点，使得区域公司现金流较大，这也是总公司管控的重点和难点。

3.内部控制是预防舞弊行为发生的重要手段

在确定高风险岗位的前提下，全面完善内控制度与工作流程，形成一整套企业自主执行、自我检查和制约机制，可以最大限度地抑制舞弊行为的发生。

做好企业的授权审批管理是企业内控中最常用也是最有效的措施。一方面，需要对企业的每项业务考虑业务规模及影响力，根据工作内容、工作流程设置不同的审批权限和责任，并明确每一级权限的具体审批方式、期限。还需要向员工强调的是，未经授权或未履行审批手续的，不得擅自开展该项业务活动。依托现代化的办公系统，授权审批系统的设置较为容易，重点是执行的过程是否真实到位，是否完全遵守审批要求进行实质审查，是否做好审查记录的留痕工作等。

另一方面，需要落实每个部门和每个岗位的工作责任和职权范围，并在对应的劳动合同、岗位职责中作出明确说明。对于高风险岗位，比如总部部门负责人、区域公司负责人、财务部，更应做好明确的业务授权划分，界定权限范围，尤其是对于外地的区域公司负责人，可以给予明确的书面授权文件，明晰权责，这样也有利于区域公司对内对外开展工作。对于企业高层管理人员及接触技术、供应商、客户及财务状况的关键岗位员工，应及时签订保密协议，做好商业秘密和知识产权保护的培训及管理。

4.加强对"人"的管理

企业应完善对拟聘用人员的背景调查和资料审核工作，登记核实人员的家庭地址或常住地址、家庭成员、紧急联系方式等情况，便于保持与员工的紧密联系；及时核实身份证、学历学位证书等资料，若企业在正式聘用后才发现伪造情况，将使企业自身的处境非常被动。

对各岗位工作建立定期审查评价，可以采用员工自我总结报告及企业组织的审查相结合的方式，既可以由企业内部审查，也可以引入第三方机构进行审查。

加强员工培训，注重举办员工廉洁自律、自觉杜绝舞弊行为的宣讲活动。要求每一个员工就遵守职业道德及企业内部制度作出承诺。

快递行业协会或联盟可以建立行业从业人员诚信平台，将舞弊员工列入黑名单，不仅对员工形成压力，还可以降低行业的舞弊风险。

5.注重诚实信用企业文化的建立

快递行业中舞弊现象屡发的重要原因不仅包括企业的管理体系不够完善，还包括员工的个人道德品质和不纯动机等因素，例如很多舞弊案件的发生就是源于职权的滥用。通过一系列的清廉教育及思想培训，提高员工的道德标准，对于反舞弊工作十分重要。同时，企业应时刻关注员工对企业的满意度及品德，这在很大程度上可以减少员工由于个人因素而主动施行舞弊行为的情况。

二、舞弊案件的举报

举报是舞弊行为被发现的最有效手段，其中内部员工又是反舞弊线索来源的主要部分，而顾客、供应商和其他第三方往往也是潜在的举报人。

反舞弊的管理制度中一定要有清晰的举报途径，保证举报人在做出举报决定的第一时间完成举报并得到正式反馈，而不会因为不能实施举报又变得犹豫不决，最终放弃举报。

举报人需要克服的心理障碍，更多来自对自己未来处境的担心，因此企业必须采取切实措施保护举报人，同时对举报受理人员的范围、举报的登记及保存、举报受理人员及调查人员的保密作出要求和承诺。企业还应当重视举报的奖励制度，对经查实的舞弊行为给予举报人一定的肯定和奖励，以鼓励员工站出来维护企业的合法权益和公平正义。

当然，对于舞弊的举报，还应包括涉嫌舞弊行为人的自我检举。对此，一定要处理好对自我检举的受理态度，要注意及时固定检举人作出的检举意思表示和相关线索证据，这也是调查取证工作的一部分，还可以为自我检举人争取自首情节的认定提供依据。

三、舞弊案件的取证

在获得舞弊线索后，企业一般都将开展一系列取证工作，在此应注意要保证取证调查活动的合法性。

1.初步确定调查目标和调查方案

针对已获得或掌握的线索，对涉嫌的舞弊行为和可能产生的风险进行预估，先行确定调查目标，进而确定调查取证的范围、调查对象和取证方式。

指导企业提前做好调查所需的文书，确定具体的工作计划。计划一经确定，调查人员应当及时秘密地接触举报人或相关证人，行动上应做到迅速、准确、有效。值得注意的是，如果企业以树立反面典型，追究员工刑事责任为目的，就要注意不得以任何承诺利益、保证及贿赂的方式收集证据。

2.确定调查组成人员

根据涉嫌舞弊的行为人及初步证据所反映的情况，确定合适的调查工作组成人员。建议企业指定至少副总以上级别的高层管理人员全权负责反舞弊工作，反舞弊调查小组还应由人力资源部、审计部、法务部相关人员共同组成。必要时可以邀请外部专业人士如律师、审计师参与调查组工作。

一定规模以上的企业会设立内审部门、监察部门，大型企业或上市公司还会成立审计委员会，可由这样的部门主要负责开展反舞弊工作。

3.根据证据收集情况和企业需求，随时调整取证方案

随着调查行动的开展，舞弊行为的相关事实越来越清晰，企业也将更准确地看到舞弊行为对企业可能造成的风险和影响，因此企业也应随时衡量案件处理的目标和实际需求。不涉及刑事违法的，企业可决定对舞弊行为调查的深度，是为了解除与行为人的劳动人事关系，还是同时需要返还侵占资产、赔偿企业损失。如案件可能涉嫌刑事违法，应当及时与公安机关沟通并报案，争取借用公安机关强大的侦查能力确定犯罪事实，及时对财产线索采取刑事强制措施进行控制，以便后期挽回经济损失。

4.关注调查程序的合理性

调查活动应当从舞弊涉案人员行为可能涉及但与其关系不紧密、不易察觉的部门或领域开始，再过渡到针对舞弊涉案人员的主要工作情况展开调查。可以先行从合同、财务报表、财务凭证、往来沟通文件、涉嫌舞弊人员的个人情况、家庭关系等入手，收集证据线索，目的是避免过早暴露调查意图，防止涉案人员做好对抗准备。

在证据的收集过程中，物证、书证是实物证据的主要构成部分，与各类电子数据证据、视听资料、鉴定意见和审计报告等构成追究舞弊行为人责任的最有力的证据，它们也是强化各类证言和涉案人员供述等言词证据

证明力的基础。调查前期，在涉案人员尚未及时准备的情况下，可以尽量争取获得他们手里掌握的信息和资料。

这些信息和资源中可能存在可以单独、直接证明案件主要事实的证据，即直接证据，也可能存在需要与其他证据相结合才能证明案件主要事实的间接证据。需要对证据及时进行分析，形成完整的证据链，把握调证的主动性，及时进行证据补强。

5.注重案件办理程序的合法性

（1）由于企业不具备实施法定的强制措施的权力，在调证过程中应注意方法和手段的合法性，避免发生任何侵权行为，否则会使自己陷入被动，轻则影响调查的推进，重则可能承担相应的刑事责任。要注意以下几个方面的禁忌。

不能采用可能侵犯公民人身权利的手段，比如限制人身自由，实施暴力、威胁、引诱、欺骗等非法方式，要保证接受调查人员充分的休息和人身自由。

不能窃取或以非法方法获取涉案人员的个人信息。对涉案人员电脑、邮件、手机等设备用品中信息的调取，都要注意不能采用窃取等方式，不能超过调查需要的范围，涉及个人隐私的更应重视获取信息的保存和保密工作。

在调取证据过程中应注意及时保存、固定证据，防止证据的灭失。即使出现可以确信存在的舞弊行为，但证据有缺失，或者经查实的证据发生遗失、毁损情形的，也不能伪造、编造证据。

随着调查的推进，可能出现在事实查证确凿的压力下，涉嫌舞弊行为人坦白并表示愿意承担相应的违规、违法责任，并同意与企业达成赔偿协议的情况。调查人员应当及时采用录音录像的方式记录，且不能要求舞弊行为人支付的赔偿金额显著高于其过错给企业造成的损失。

（2）为保证案件办理过程的合法性，还应保证每次调查活动的调查人员为二人以上，及时做好调查记录，必要时可以采用录音录像方式。

与相关人员尤其是涉案人员的访谈过程应进行有条件的全程录像，并在访谈时说明进行录像的要求及录像的目的，向访谈人员确认，此次访谈内容将可能被用于认定舞弊行为的证据使用。谈话笔录的全部内容需要被访谈人员及调查人员签字确认。

需要调取员工的办公设备和用品的，应考虑该办公设备和用品的权属情况并采取不同措施。若是由企业为员工配备的，可以予以没收或要求员工限期归还；若是企业赠送给员工或员工自行配置的，需要清查设备用品并调取相关信息的，应征得员工同意。

6.涉嫌刑事犯罪案件的处理

对于可能涉嫌刑事犯罪的案件，对企业的破坏性和影响力较大，涉及的舞弊行为也会较为复杂，企业能够动用的调查手段有限，对行为人的限制和影响较弱。刑事犯罪行为损害的不仅仅是企业的利益，也涉及对公共利益的损害，建议企业优先启动刑事案件的程序，利用刑事侦查的强制力手段，查实企业无法掌握的证据，依靠司法机关的力量对行为人予以惩罚，挽回企业的损失。

当然企业还需要把握的是，一旦启动刑事追诉程序，企业就在案件中不再具有主动地位，需要遵守法定的程序和办案机关的工作安排。企业不能对已被采取强制措施的涉案人员进行访谈，不能动用涉案的资金和财产，刑事办案程序也不会因企业在内的个人或第三方的要求而中止，还可能在刑事案件的侦查办理过程中发现企业存在其他涉案人员和其他犯罪事实的情况。为此，企业在向公安机关举报启动刑事追诉程序前，应当做好充分的前期内部调查取证工作，以防止出现企业不可知的情况和不可控的不利影响。企业如果能向办案机关提供充分系统的报案材料，也有利于公安机关尽快掌握案情，提高办案效率。

7.调查结论报告及内部结案

在核查获得的证据基础上，对舞弊事实进行客观梳理形成调查报告，报告应当包括舞弊行为造成的损失或潜在损失风险、舞弊行为违反的规定依据及处理决定。为了确保调查结果的客观公正，需要将前述结论告知被调查对象，也需要听取调查对象的申辩。

根据已经查实的事实和证据，调查小组应当全面分析舞弊行为已经造成和可能造成的后果，尤其需要客观分析对企业的影响，做好利益平衡的分析，做出对舞弊人员的处理建议。对于给企业造成的影响和风险，只有客观全面地将所有可能面临的舆论风险、社会责任都转化为企业可能承担的不利后果，才能制定出切实的为企业减轻责任、挽回损失的方案，这也是内部得以结案的基本要求。

8.处理决定的执行和通告

经核查发现不存在违法违规事实的，应终止调查，并在企业范围内予以公布，恢复调查对象的职务和名誉；对已构成违反工作纪律及相关工作制度但情节轻微且未给企业造成损失的行为人进行批评教育或给予通报批评；对已构成违反工作纪律及相关工作制度且情节较重或给企业造成重大经济损失的，可以根据《劳动合同法》《劳动法》及相关规章制度的规定，解除与行为人的劳动用工关系，还有权利追讨相应的民事赔偿；对触犯法律构成犯罪的，移交司法机关处理，待司法机关对刑事犯罪案件处理后，可以适时向行为人主张损失赔偿。

处罚措施执行完毕，还有一个关键环节，应当及时将查实的舞弊行为、调查结论、处理意见及处罚措施的执行情况等，向各部门全体员工及必要的外部第三方进行通报，以彰显企业处置舞弊行为的决心和能力。对舞弊行为查处不力，情况通报不透明，会使员工存在侥幸心理。必须建立严格执法、公正透明的反舞弊处理机制，并以案件实例对员工进行宣传教育，让员工充分了解舞弊行为给个人和企业甚至社会带来的严重后果，这才可以对舞弊行为起到应有的威慑作用。

四、建立健全反舞弊制度

企业的反舞弊并不只是针对企业内部的管理人员，还面向全体人员，每一级别的管理人员、工作人员、企业内部审计人员都有监督舞弊行为、防范舞弊风险的责任。企业对于舞弊案件的防范和处理，也会给全体员工、利益相关者及社会公众关于该企业对于商业行为的标准、舞弊行为的容忍度和反舞弊的管理能力以明确的信号。

建立健全的内控体系和反舞弊制度是预防、化解舞弊风险的重要手段。本章草拟了《快递企业反舞弊管理制度（模板）》（以下简称《制度》，见第196页"附件"），可供企业参考引用。需要说明的是，企业可以根据实际情况对《制度》的相应条款进行增减、调整；还应当注意的是，反舞弊制度的执行效果需要依托企业的其他各项规章、制度，如完善企业的员工手册、岗位职责制度、业务工作规范与流程、教育培训制度、廉洁承诺制度、外部行为规范及其他内控制度等各项重要管理制度。

附件

快递企业反舞弊管理制度（模板）

第一章 总 则

第一条 为了规范××公司（以下简称"公司"）员工的职业行为，加强公司治理和内部控制，维护公司合法权益，确保持续、稳定、健康的发展，特制定本制度。

第二条 公司全体员工应严格遵守相关法律法规、行业规范、职业道德及公司各项规章制度，树立廉洁和勤勉敬业的良好风气，杜绝舞弊行为，防止公司及股东利益受到损害。

第三条 为更好落实本制度，公司还将建立以下重要制度：员工手册、岗位职责制度、业务工作规范与流程、教育培训制度、廉洁承诺制度、外部行为规范以及其他内控制度等各项重要管理制度。

第二章 舞弊的概念及表现形式

第四条 本制度所称舞弊，是指公司员工或部门采用欺骗、滥用权力等违法违规手段，谋取不正当利益，损害公司利益的行为，或是为公司谋取不当利益，同时可能为个人获取不正当利益的行为。

第五条 有下列情形之一的属于舞弊行为：

（一）故意或过失泄露公司商业和技术秘密，以及其他与第三方恶意串通侵犯公司享有的知识产权；

（二）滥用职权或违反公司管理制度，造成公司利益损失；

（三）未经公司许可，从事与公司存在利益冲突的工作或行为；

（四）违反竞业禁止义务，自营或与他人合作经营与公司同类的业务；

（五）为个人或公司的不正当目的支付相关款项或承担负债的行为；

（六）利用职务便利，行受贿、索贿或以威胁、敲诈的方式获取不正当利益；

（七）非法使用、贪污、挪用、盗窃公司财产；

（八）虚构交易事项而使公司支付相关款项或承担负债；

（九）故意隐瞒、错报交易事项；

（十）伪造、编造会计记录或凭证；

（十一）出具或串通出具虚假、错误的财务报告；

（十二）隐瞒或删除应对外披露的重要信息；

（十三）其他违反公序良俗，可能给公司造成不良社会评价和影响的行为；

（十四）未给公司造成实际的经济损失，但违反公共管理秩序或侵犯公共利益的行为；

（十五）违反相关制度规定给公司造成损失或潜在损失的行为，或者虽未造成公司损失，但属严重违规或多次违规的行为；

（十六）其他具有主观故意，违反相关制度规定，侵害公司利益，为个人或部门谋取不当利益的行为。

第六条　公司的反舞弊工作坚持惩防并举、重在预防的原则。下列情形将作为反舞弊工作的重点：

（一）未经授权或者采取其他不法方式侵占、挪用公司资产，牟取不当利益；

（二）在财务会计报告和信息披露等方面存在虚假记载、误导性陈述或重大遗漏等；

（三）董事、监事、经理及其他高级管理人员滥用职权；

（四）相关机构或人员串通舞弊。

第三章　反舞弊工作常设机构及职能

第七条　公司【董事会】对反舞弊工作负全部责任，授权【副总经理】或适当的人员组建反舞弊工作组并担任工作组组长，工作组组员由公司人力资源部、审计部、法务部相关人员担任。必要时，可由公司聘请第三方机构参与或配合工作组的工作。

（注：反舞弊工作的常设机构的组建及人员构成可以视公司的实际情况设置，如果公司具备一定规模并设立了内审部门的，一般由内审部门主要负责反舞弊的工作开展；如未设立内审部门的，也可选择相关财务人员参加。）

第八条　反舞弊工作组全面负责开展公司范围内的反舞弊工作，包括各业务部门及跨部门的反舞弊工作的组织及执行，主要工作职责包括：

（一）接受公司【股东会】及【董事会】的领导和工作指导；

（二）建设反舞弊机制，起草相关舞弊控制管理制度和工作流程、规则；

（三）健全舞弊风险评估体系，牵头组织各部门的年度舞弊风险评估工作，协助董事会完成管理层的年度舞弊风险评估工作；

（四）主持开展对内对外的反舞弊宣传及公司范围的反舞弊教育培训；

（五）负责公司范围内的反舞弊制度的实施与各项具体执行工作；

（六）受理舞弊举报及情况反映并进行登记；

（七）组织开展舞弊案件的调查工作；

（八）提出对舞弊案件的处理意见并向【董事会】报告；

（九）就舞弊案件的调查及最终处理情况向公司各部门及全体员工进行通报；

（十）其他与反舞弊制度及实施相关的工作。

第九条　反舞弊工作组成员应当带头遵守职业道德和工作纪律，保持应有的职业敏感性，积极主动接受反舞弊工作的相关培训，自觉提高反舞弊的意识和反舞弊技术能力水平。

第四章　舞弊的预防

第十条　反舞弊是公司企业文化的重要组成部分，员工应当知晓：

（一）遵守公司的各项制度和规范是每个员工的职责，管理人员更应当做好模范带头作用；

（二）每位员工应坚守遵纪守法、诚实信用的基本原则，自觉杜绝舞弊行为，针对不遵守职业道德和不诚信的行为可以通过举报渠道进行实名或匿名举报，公司坚决保护举报者的合法权益；

（三）公司的反舞弊政策、程序及有关措施体现在公司的各项制度中，包括但不限于员工手册、岗位职责制度、业务规范和工作流程及其他内控制度，还体现在培训及培训资料中。不仅包括印刷品形式，还包括公司官网、电子邮件、微信等电子数据形式发布所登载的内容。

第十一条　公司对准备聘用或晋升到重要岗位的人员均应进行背景调查，例如教育背景、工作经历、犯罪记录等。背景调查过程应有正式的文字记录，查实身份证、学历、学位、专业技术证书等关键资料的真伪，并在公司留档保存。

第十二条　公司应在新员工培训中加强关于员工应当廉洁自律、自觉杜绝舞弊行为的宣讲。

第五章　舞弊案件的举报、调查、报告

第十三条　反舞弊工作组负责接受舞弊案件的举报，以及公司其他部门对在履行工作职责时发现的舞弊线索提出的情况反映。

第十四条　反舞弊工作组应建立并公布反舞弊举报热线电话、电子邮件信箱等，鼓励各级员工及与公司直接或间接发生经济关系的外部第三方反映、举报公司及员工对可能违反职业道德或违法违纪问题的揭发、检举。

第十五条　反舞弊工作组应针对接受舞弊案件的举报、业务部门的情况反映，建立工作流程及制度，规定如何受理、保留、处理员工实名或匿名、外部第三方实名或匿名举报，并留下书面记录供案件核查及后续处理。

第十六条　在对举报的受理、调查及处理过程中，要注意对当事人尤其是举报人信息予以严格保密，并对经查实确认存在舞弊事实、为公司挽回重大损失的举报人给予物质和精神上的奖励。

第十七条　反舞弊工作组对涉及一般员工的举报和反映，可以在对所反映情况进行评估后作出是否立案调查的决定。若事项涉及公司高层管理人员，可以由公司董事会批准后，由公司反舞弊工作组组员和董事会指定人员共同组成特别调查小组进行联合调查。在进行有关调查时，视需要还可聘请外部中介机构参与调查。对于实名举报，无论是否会立案调查，均需要向举报人反馈调查结果及处理决定。

第十八条　对举报或反映的线索经调查不能充分证明存在舞弊事实，但发现该工作岗位的工作流程、规则或职责授权等可能存在潜在的舞弊风险的，应提出风险及解决方案建议，由【董事会】最终确定是否作出补充或调整。

第十九条　对举报和调查处理后的舞弊案件报告材料，公司反舞弊工作组按归档工作的规定，应及时立卷归档。对有关舞弊案件的个案调查结果及处理建议要及时向公司【董事会】报告。

第二十条　反舞弊案件的报告结束并获得【董事会】的批准后，由反舞弊工作中针对调查和处理结果形成《反舞弊情况通报纪要》，通报公司管理层及各业务部门。

第六章 反舞弊工作的指导和监督

第二十一条 公司【董事会】每年向【股东会】至少进行一次反舞弊情况汇报，并听取【股东会】的有关意见及指示。

遇有涉及公司董事会成员、总部部门以上负责人、子（分）公司总经理级别人员舞弊事件、可能导致公司正常生产、经营受到较大影响的舞弊事件等重要情况或重大问题时，可随时向【股东会】报告。

第二十二条 反舞弊工作组每年应至少向【董事会】进行一次反舞弊工作的总结汇报，主要内容应包括：

（一）已开展的各项反舞弊工作；

（二）反舞弊工作中出现的问题及措施建议；

（三）受理舞弊行为的举报、情况反映及立案情况；

（四）对舞弊案件的调查及处理情况；

（五）舞弊案件给公司带来的损失情况；

（六）公司可能存在的舞弊风险评估及措施改进。

（注：会议的具体内容可根据实际情况进行调整）

第二十三条 【董事会】对公司的反舞弊工作应当承担指导、监督及必要的参与执行工作，主要包括：

（一）带头参与、协助反舞弊工作组在公司范围内建立并推广反舞弊文化环境；

（二）建立并完善反舞弊工作组的组成，监督反舞弊工作组做好反舞弊各项工作；

（三）审核批准工作组的反舞弊制度和其他工作流程、规则；

（四）审核工作组的舞弊风险评估及其工作计划和报告；

（五）了解并监督员工举报机制的运行；

（六）审核批准工作组针对舞弊案件的调查报告和处理意见；

（七）深入参与或指派相关人员参与对重大舞弊事件或有关财务人员舞弊事件的调查工作；

（八）听取并审批反舞弊工作组的各项工作报告；

（九）复核财务审计部门作出的针对反舞弊而提出的会计准则、会计政策的调整；

（十）其他为更好地完成反舞弊任务需要开展的工作。

第七章　舞弊案件的补救措施和处罚

第二十四条　公司发生舞弊案件后，在案件的处理意见中应该同时提出改进和补救措施，由【董事会】决定对公司相应管理制度予以修正、调整。

第二十五条　反舞弊调查结束后，对已构成违反工作纪律及相关工作制度但情节轻微且未给公司造成损失的，由【人力资源部】对有关部门和人员进行批评教育或给予通报批评；对已构成违反工作纪律及相关工作制度且情节较重或给公司造成重大经济损失的，由【人力资源部】负责解除公司与有关人员的劳动用工关系，并由【法务部】负责办理可能追讨的民事赔偿事宜；对触犯法律构成犯罪的，移交司法机关处理。

第二十六条　处罚措施执行完毕，应及时将查实的舞弊行为、调查结论、处理意见及处罚措施的执行情况等向公司各部门及必要的外部第三方进行通报。

第八章　适用范围

第二十七条　本制度适用于公司及所属各部门、各分支机构及各子公司。

第九章 附 则

第二十八条 在【董事会】授权下，本制度由反舞弊工作组负责解释和修订。

第二十九条 本制度自批准之日（或×年×月×日）起施行。

投诉举报热线电话号码：　　　　电子邮箱地址：

受理部门：　　　　　　　　　　通信地址：

受理人：　　　　　　　　　　　邮政编码：

快递企业常用法律法规

中华人民共和国邮政法

第一章 总 则

第一条 为了保障邮政普遍服务，加强对邮政市场的监督管理，维护邮政通信与信息安全，保护通信自由和通信秘密，保护用户合法权益，促进邮政业健康发展，适应经济社会发展和人民生活需要，制定本法。

第二条 国家保障中华人民共和国境内的邮政普遍服务。

邮政企业按照国家规定承担提供邮政普遍服务的义务。

国务院和地方各级人民政府及其有关部门应当采取措施，支持邮政企业提供邮政普遍服务。

本法所称邮政普遍服务，是指按照国家规定的业务范围、服务标准，以合理的资费标准，为中华人民共和国境内所有用户持续提供的邮政服务。

第三条 公民的通信自由和通信秘密受法律保护。除因国家安全或者追查刑事犯罪的需要，由公安机关、国家安全机关或者检察机关依照法律规定的程序对通信进行检查外，任何组织或者个人不得以任何理由侵犯公民的通信自由和通信秘密。

除法律另有规定外，任何组织或者个人不得检查、扣留邮件、汇款。

第四条 国务院邮政管理部门负责对全国的邮政普遍服务和邮政市场实施监督管理。

省、自治区、直辖市邮政管理机构负责对本行政区域的邮政普遍服务和邮政市场实施监督管理。

按照国务院规定设立的省级以下邮政管理机构负责对本辖区的邮政普遍服务和邮政市场实施监督管理。

国务院邮政管理部门和省、自治区、直辖市邮政管理机构以及省级以下邮政管理机构（以下统称邮政管理部门）对邮政市场实施监督管理，应当遵循公开、公平、公正以及鼓励竞争、促进发展的原则。

第五条　国务院规定范围内的信件寄递业务，由邮政企业专营。

第六条　邮政企业应当加强服务质量管理，完善安全保障措施，为用户提供迅速、准确、安全、方便的服务。

第七条　邮政管理部门、公安机关、国家安全机关和海关应当相互配合，建立健全安全保障机制，加强对邮政通信与信息安全的监督管理，确保邮政通信与信息安全。

第二章　邮政设施

第八条　邮政设施的布局和建设应当满足保障邮政普遍服务的需要。

地方各级人民政府应当将邮政设施的布局和建设纳入城乡规划，对提供邮政普遍服务的邮政设施的建设给予支持，重点扶持农村边远地区邮政设施的建设。

建设城市新区、独立工矿区、开发区、住宅区或者对旧城区进行改建，应当同时建设配套的提供邮政普遍服务的邮政设施。

提供邮政普遍服务的邮政设施等组成的邮政网络是国家重要的通信基础设施。

第九条　邮政设施应当按照国家规定的标准设置。

较大的车站、机场、港口、高等院校和宾馆应当设置提供邮政普遍服务的邮政营业场所。

邮政企业设置、撤销邮政营业场所，应当事先书面告知邮政管理部门；撤销提供邮政普遍服务的邮政营业场所，应当经邮政管理部门批准并予以公告。

第十条　机关、企业事业单位应当设置接收邮件的场所。农村地区应当逐步设置村邮站或者其他接收邮件的场所。

建设城镇居民楼应当设置接收邮件的信报箱，并按照国家规定的标准验收。建设单位未按照国家规定的标准设置信报箱的，由邮政管理部门责令限期改正；逾期未改正的，由邮政管理部门指定其他单位设置信报箱，所需费用由该居民楼的建设单位承担。

第十一条　邮件处理场所的设计和建设，应当符合国家安全机关和海关依法履行职责的要求。

第十二条　征收邮政营业场所或者邮件处理场所的，城乡规划主管部门应当根据保障邮政普遍服务的要求，对邮政营业场所或者邮件处理场所的重新设置作出妥善安排；未作出妥善安排前，不得征收。

邮政营业场所或者邮件处理场所重新设置前，邮政企业应当采取措施，保证邮政普遍服务的正常进行。

第十三条　邮政企业应当对其设置的邮政设施进行经常性维护，保证邮政设施的正常使用。

任何单位和个人不得损毁邮政设施或者影响邮政设施的正常使用。

第三章　邮政服务

第十四条　邮政企业经营下列业务：

（一）邮件寄递；

（二）邮政汇兑、邮政储蓄；

（三）邮票发行以及集邮票品制作、销售；

（四）国内报刊、图书等出版物发行；

（五）国家规定的其他业务。

第十五条　邮政企业应当对信件、单件重量不超过五千克的印刷品、单件重量不超过十千克的包裹的寄递以及邮政汇兑提供邮政普遍服务。

邮政企业按照国家规定办理机要通信、国家规定报刊的发行，以及义务兵平常信函、盲人读物和革命烈士遗物的免费寄递等特殊服务业务。

未经邮政管理部门批准，邮政企业不得停止办理或者限制办理前两款规定的业务；因不可抗力或者其他特殊原因暂时停止办理或者限制办理的，邮政企业应当及时公告，采取相应的补救措施，并向邮政管理部门报告。

邮政普遍服务标准，由国务院邮政管理部门会同国务院有关部门制定；邮政普遍服务监督管理的具体办法，由国务院邮政管理部门制定。

第十六条　国家对邮政企业提供邮政普遍服务、特殊服务给予补贴，并加强对补贴资金使用的监督。

第十七条　国家设立邮政普遍服务基金。邮政普遍服务基金征收、使用和监督管理的具体办法由国务院财政部门会同国务院有关部门制定，报国务院批准后公布施行。

第十八条　邮政企业的邮政普遍服务业务与竞争性业务应当分业经营。

第十九条　邮政企业在城市每周的营业时间应当不少于六天，投递邮件每天至少一次；在乡、镇人民政府所在地每周的营业时间应当不少于五天，投递邮件每周至少五次。

邮政企业在交通不便的边远地区和乡、镇其他地区每周的营业时间以及投递邮件的频次，国务院邮政管理部门可以另行规定。

第二十条　邮政企业寄递邮件，应当符合国务院邮政管理部门规定的寄递时限和服务规范。

第二十一条　邮政企业应当在其营业场所公示或者以其他方式公布其服务种类、营业时间、资费标准、邮件和汇款的查询及损失赔偿办法以及用户对其服务质量的投诉办法。

第二十二条　邮政企业采用其提供的格式条款确定与用户的权利义务

的，该格式条款适用《中华人民共和国合同法》关于合同格式条款的规定。

第二十三条　用户交寄邮件，应当清楚、准确地填写收件人姓名、地址和邮政编码。邮政企业应当在邮政营业场所免费为用户提供邮政编码查询服务。

邮政编码由邮政企业根据国务院邮政管理部门制定的编制规则编制。邮政管理部门依法对邮政编码的编制和使用实施监督。

第二十四条　邮政企业收寄邮件和用户交寄邮件，应当遵守法律、行政法规以及国务院和国务院有关部门关于禁止寄递或者限制寄递物品的规定。

第二十五条　邮政企业应当依法建立并执行邮件收寄验视制度。

对用户交寄的信件，必要时邮政企业可以要求用户开拆，进行验视，但不得检查信件内容。用户拒绝开拆的，邮政企业不予收寄。

对信件以外的邮件，邮政企业收寄时应当当场验视内件。用户拒绝验视的，邮政企业不予收寄。

第二十六条　邮政企业发现邮件内夹带禁止寄递或者限制寄递物品的，应当按照国家有关规定处理。

进出境邮件中夹带国家禁止进出境或者限制进出境的物品的，由海关依法处理。

第二十七条　对提供邮政普遍服务的邮政企业交运的邮件，铁路、公路、水路、航空等运输企业应当优先安排运输，车站、港口、机场应当安排装卸场所和出入通道。

第二十八条　带有邮政专用标志的车船进出港口、通过渡口时，应当优先放行。

带有邮政专用标志的车辆运递邮件，确需通过公安机关交通管理部门划定的禁行路段或者确需在禁止停车的地点停车的，经公安机关交通管理部门同意，在确保安全的前提下，可以通行或者停车。

邮政企业不得利用带有邮政专用标志的车船从事邮件运递以外的经营性活动，不得以出租等方式允许其他单位或者个人使用带有邮政专用标志的车船。

第二十九条　邮件通过海上运输时，不参与分摊共同海损。

第三十条　海关依照《中华人民共和国海关法》的规定，对进出境的国际邮袋、邮件集装箱和国际邮递物品实施监管。

第三十一条　进出境邮件的检疫，由进出境检验检疫机构依法实施。

第三十二条　邮政企业采取按址投递、用户领取或者与用户协商的其他方式投递邮件。

机关、企业事业单位、住宅小区管理单位等应当为邮政企业投递邮件提供便利。单位用户地址变更的，应当及时通知邮政企业。

第三十三条　邮政企业对无法投递的邮件，应当退回寄件人。

无法投递又无法退回的信件，自邮政企业确认无法退回之日起超过六个月无人认领的，由邮政企业在邮政管理部门的监督下销毁。无法投递又无法退回的其他邮件，按照国务院邮政管理部门的规定处理；其中无法投递又无法退回的进境国际邮递物品，由海关依照《中华人民共和国海关法》的规定处理。

第三十四条　邮政汇款的收款人应当自收到汇款通知之日起六十日内，凭有效身份证件到邮政企业兑领汇款。

收款人逾期未兑领的汇款，由邮政企业退回汇款人。自兑领汇款期限届满之日起一年内无法退回汇款人，或者汇款人自收到退汇通知之日起一年内未领取的汇款，由邮政企业上缴国库。

第三十五条　任何单位和个人不得私自开拆、隐匿、毁弃他人邮件。

除法律另有规定外，邮政企业及其从业人员不得向任何单位或者个人泄露用户使用邮政服务的信息。

第三十六条　因国家安全或者追查刑事犯罪的需要，公安机关、国家安全机关或者检察机关可以依法检查、扣留有关邮件，并可以要求邮政企业提供相关用户使用邮政服务的信息。邮政企业和有关单位应当配合，并对有关情况予以保密。

第三十七条　任何单位和个人不得利用邮件寄递含有下列内容的物品：

（一）煽动颠覆国家政权、推翻社会主义制度或者分裂国家、破坏国家统一，危害国家安全的；

（二）泄露国家秘密的；

（三）散布谣言扰乱社会秩序，破坏社会稳定的；

（四）煽动民族仇恨、民族歧视，破坏民族团结的；

（五）宣扬邪教或者迷信的；

（六）散布淫秽、赌博、恐怖信息或者教唆犯罪的；

（七）法律、行政法规禁止的其他内容。

第三十八条　任何单位和个人不得有下列行为：

（一）扰乱邮政营业场所正常秩序；

（二）阻碍邮政企业从业人员投递邮件；

（三）非法拦截、强登、扒乘带有邮政专用标志的车辆；

（四）冒用邮政企业名义或者邮政专用标志；

（五）伪造邮政专用品或者倒卖伪造的邮政专用品。

第四章　邮政资费

第三十九条　实行政府指导价或者政府定价的邮政业务范围，以中央政府定价目录为依据，具体资费标准由国务院价格主管部门会同国务院财政部门、国务院邮政管理部门制定。

邮政企业的其他业务资费实行市场调节价，资费标准由邮政企业自主确定。

第四十条　国务院有关部门制定邮政业务资费标准，应当听取邮政企业、用户和其他有关方面的意见。

邮政企业应当根据国务院价格主管部门、国务院财政部门和国务院邮政管理部门的要求，提供准确、完备的业务成本数据和其他有关资料。

第四十一条　邮件资费的交付，以邮资凭证、证明邮资已付的戳记以及有关业务单据等表示。

邮资凭证包括邮票、邮资符志、邮资信封、邮资明信片、邮资邮简、邮资信卡等。

任何单位和个人不得伪造邮资凭证或者倒卖伪造的邮资凭证，不得擅自仿印邮票和邮资图案。

第四十二条　普通邮票发行数量由邮政企业按照市场需要确定，报国务院邮政管理部门备案；纪念邮票和特种邮票发行计划由邮政企业根据市场需要提出，报国务院邮政管理部门审定。国务院邮政管理部门负责纪念邮票的选题和图案审查。

邮政管理部门依法对邮票的印制、销售实施监督。

第四十三条　邮资凭证售出后，邮资凭证持有人不得要求邮政企业兑换现金。

停止使用邮资凭证，应当经国务院邮政管理部门批准，并在停止使用九十日前予以公告，停止销售。邮资凭证持有人可以自公告之日起一年内，向邮政企业换取等值的邮资凭证。

第四十四条　下列邮资凭证不得使用：

（一）经国务院邮政管理部门批准停止使用的；

（二）盖销或者划销的；

（三）污损、残缺或者褪色、变色，难以辨认的。

从邮资信封、邮资明信片、邮资邮简、邮资信卡上剪下的邮资图案，不得作为邮资凭证使用。

第五章 损失赔偿

第四十五条　邮政普遍服务业务范围内的邮件和汇款的损失赔偿，适用本章规定。

邮政普遍服务业务范围以外的邮件的损失赔偿，适用有关民事法律的规定。

邮件的损失，是指邮件丢失、损毁或者内件短少。

第四十六条　邮政企业对平常邮件的损失不承担赔偿责任。但是，邮政企业因故意或者重大过失造成平常邮件损失的除外。

第四十七条　邮政企业对给据邮件的损失依照下列规定赔偿：

（一）保价的给据邮件丢失或者全部损毁的，按照保价额赔偿；部分损毁或者内件短少的，按照保价额与邮件全部价值的比例对邮件的实际损失予以赔偿。

（二）未保价的给据邮件丢失、损毁或者内件短少的，按照实际损失赔偿，但最高赔偿额不超过所收取资费的三倍；挂号信件丢失、损毁的，按照所收取资费的三倍予以赔偿。

邮政企业应当在营业场所的告示中和提供给用户的给据邮件单据上，以足以引起用户注意的方式载明前款规定。

邮政企业因故意或者重大过失造成给据邮件损失，或者未履行前款规定义务的，无权援用本条第一款的规定限制赔偿责任。

第四十八条　因下列原因之一造成的给据邮件损失，邮政企业不承担赔偿责任：

（一）不可抗力，但因不可抗力造成的保价的给据邮件的损失除外；

（二）所寄物品本身的自然性质或者合理损耗；

（三）寄件人、收件人的过错。

第四十九条　用户交寄给据邮件后，对国内邮件可以自交寄之日起一年内持收据向邮政企业查询，对国际邮件可以自交寄之日起一百八十日内持收据向邮政企业查询。

查询国际邮件或者查询国务院邮政管理部门规定的边远地区的邮件的，邮政企业应当自用户查询之日起六十日内将查询结果告知用户；查询其他邮件的，邮政企业应当自用户查询之日起三十日内将查询结果告知用户。查复期满未查到邮件的，邮政企业应当依照本法第四十七条的规定予以赔偿。

用户在本条第一款规定的查询期限内未向邮政企业查询又未提出赔偿要求的，邮政企业不再承担赔偿责任。

第五十条　邮政汇款的汇款人自汇款之日起一年内，可以持收据向邮政企业查询。邮政企业应当自用户查询之日起二十日内将查询结果告知汇款人。查复期满未查到汇款的，邮政企业应当向汇款人退还汇款和汇款费用。

第六章　快递业务

第五十一条　经营快递业务，应当依照本法规定取得快递业务经营许可；未经许可，任何单位和个人不得经营快递业务。

外商不得投资经营信件的国内快递业务。

国内快递业务，是指从收寄到投递的全过程均发生在中华人民共和国境内的快递业务。

第五十二条　申请快递业务经营许可，应当具备下列条件：

（一）符合企业法人条件；

（二）在省、自治区、直辖市范围内经营的，注册资本不低于人民币五十万元，跨省、自治区、直辖市经营的，注册资本不低于人民币一百万元，经营国际快递业务的，注册资本不低于人民币二百万元；

（三）有与申请经营的地域范围相适应的服务能力；

（四）有严格的服务质量管理制度和完备的业务操作规范；

（五）有健全的安全保障制度和措施；

（六）法律、行政法规规定的其他条件。

第五十三条　申请快递业务经营许可，在省、自治区、直辖市范围内经营的，应当向所在地的省、自治区、直辖市邮政管理机构提出申请，跨省、自治区、直辖市经营或者经营国际快递业务的，应当向国务院邮政管理部门提出申请；申请时应当提交申请书和有关申请材料。

受理申请的邮政管理部门应当自受理申请之日起四十五日内进行审查，作出批准或者不予批准的决定。予以批准的，颁发快递业务经营许可证；不予批准的，书面通知申请人并说明理由。

邮政管理部门审查快递业务经营许可的申请，应当考虑国家安全等因素，并征求有关部门的意见。

申请人凭快递业务经营许可证向工商行政管理部门依法办理登记后，方可经营快递业务。

第五十四条　邮政企业以外的经营快递业务的企业（以下称快递企业）设立分支机构或者合并、分立的，应当向邮政管理部门备案。

第五十五条　快递企业不得经营由邮政企业专营的信件寄递业务，不得寄递国家机关公文。

第五十六条　快递企业经营邮政企业专营业务范围以外的信件快递业务，应当在信件封套的显著位置标注信件字样。

快递企业不得将信件打包后作为包裹寄递。

第五十七条　经营国际快递业务应当接受邮政管理部门和有关部门依

法实施的监管。邮政管理部门和有关部门可以要求经营国际快递业务的企业提供报关数据。

第五十八条　快递企业停止经营快递业务的，应当书面告知邮政管理部门，交回快递业务经营许可证，并对尚未投递的快件按照国务院邮政管理部门的规定妥善处理。

第五十九条　本法第六条、第二十一条、第二十二条、第二十四条、第二十五条、第二十六条第一款、第三十五条第二款、第三十六条关于邮政企业及其从业人员的规定，适用于快递企业及其从业人员；第十一条关于邮件处理场所的规定，适用于快件处理场所；第三条第二款、第二十六条第二款、第三十五条第一款、第三十六条、第三十七条关于邮件的规定，适用于快件；第四十五条第二款关于邮件的损失赔偿的规定，适用于快件的损失赔偿。

第六十条　经营快递业务的企业依法成立的行业协会，依照法律、行政法规及其章程规定，制定快递行业规范，加强行业自律，为企业提供信息、培训等方面的服务，促进快递行业的健康发展。

经营快递业务的企业应当对其从业人员加强法制教育、职业道德教育和业务技能培训。

第七章　监督检查

第六十一条　邮政管理部门依法履行监督管理职责，可以采取下列监督检查措施：

（一）进入邮政企业、快递企业或者涉嫌发生违反本法活动的其他场所实施现场检查；

（二）向有关单位和个人了解情况；

（三）查阅、复制有关文件、资料、凭证；

（四）经邮政管理部门负责人批准，查封与违反本法活动有关的场所，扣押用于违反本法活动的运输工具以及相关物品，对信件以外的涉嫌夹带禁止寄递或者限制寄递物品的邮件、快件开拆检查。

第六十二条　邮政管理部门根据履行监督管理职责的需要，可以要求邮政企业和快递企业报告有关经营情况。

第六十三条　邮政管理部门进行监督检查时，监督检查人员不得少于二人，并应当出示执法证件。对邮政管理部门依法进行的监督检查，有关单位和个人应当配合，不得拒绝、阻碍。

第六十四条　邮政管理部门工作人员对监督检查中知悉的商业秘密，负有保密义务。

第六十五条　邮政企业和快递企业应当及时、妥善处理用户对服务质量提出的异议。用户对处理结果不满意的，可以向邮政管理部门申诉，邮政管理部门应当及时依法处理，并自接到申诉之日起三十日内作出答复。

第六十六条　任何单位和个人对违反本法规定的行为，有权向邮政管理部门举报。邮政管理部门接到举报后，应当及时依法处理。

第八章　法律责任

第六十七条　邮政企业提供邮政普遍服务不符合邮政普遍服务标准的，由邮政管理部门责令改正，可以处一万元以下的罚款；情节严重的，处一万元以上五万元以下的罚款；对直接负责的主管人员和其他直接责任人员给予处分。

第六十八条　邮政企业未经邮政管理部门批准，停止办理或者限制办理邮政普遍服务业务和特殊服务业务，或者撤销提供邮政普遍服务的邮政营业场所的，由邮政管理部门责令改正，可以处二万元以下的罚款；情节严重的，处二万元以上十万元以下的罚款；对直接负责的主管人员和其他直接责任人员给予处分。

第六十九条　邮政企业利用带有邮政专用标志的车船从事邮件运递以外的经营性活动，或者以出租等方式允许其他单位或者个人使用带有邮政专用标志的车船的，由邮政管理部门责令改正，没收违法所得，可以并处二万元以下的罚款；情节严重的，并处二万元以上十万元以下的罚款；对直接负责的主管人员和其他直接责任人员给予处分。

邮政企业从业人员利用带有邮政专用标志的车船从事邮件运递以外的活动的，由邮政企业责令改正，给予处分。

第七十条　邮政企业从业人员故意延误投递邮件的，由邮政企业给予处分。

第七十一条　冒领、私自开拆、隐匿、毁弃或者非法检查他人邮件、快件，尚不构成犯罪的，依法给予治安管理处罚。

第七十二条　未取得快递业务经营许可经营快递业务，或者邮政企业以外的单位或者个人经营由邮政企业专营的信件寄递业务或者寄递国家机关公文的，由邮政管理部门或者工商行政管理部门责令改正，没收违法所得，并处五万元以上十万元以下的罚款；情节严重的，并处十万元以上二十万元以下的罚款；对快递企业，还可以责令停业整顿直至吊销其快递业务经营许可证。

违反本法第五十一条第二款的规定，经营信件的国内快递业务的，依照前款规定处罚。

第七十三条　快递企业有下列行为之一的，由邮政管理部门责令改正，可以处一万元以下的罚款；情节严重的，处一万元以上五万元以下的罚款，并可以责令停业整顿：

（一）设立分支机构、合并、分立，未向邮政管理部门备案的；

（二）未在信件封套的显著位置标注信件字样的；

（三）将信件打包后作为包裹寄递的；

（四）停止经营快递业务，未书面告知邮政管理部门并交回快递业务经营许可证，或者未按照国务院邮政管理部门的规定妥善处理尚未投递的快件的。

第七十四条 邮政企业、快递企业未按照规定向用户明示其业务资费标准，或者有其他价格违法行为的，由政府价格主管部门依照《中华人民共和国价格法》的规定处罚。

第七十五条 邮政企业、快递企业不建立或者不执行收件验视制度，或者违反法律、行政法规以及国务院和国务院有关部门关于禁止寄递或者限制寄递物品的规定收寄邮件、快件的，对邮政企业直接负责的主管人员和其他直接责任人员给予处分；对快递企业，邮政管理部门可以责令停业整顿直至吊销其快递业务经营许可证。

用户在邮件、快件中夹带禁止寄递或者限制寄递的物品，尚不构成犯罪的，依法给予治安管理处罚。

有前两款规定的违法行为，造成人身伤害或者财产损失的，依法承担赔偿责任。

邮政企业、快递企业经营国际寄递业务，以及用户交寄国际邮递物品，违反《中华人民共和国海关法》及其他有关法律、行政法规的规定的，依照有关法律、行政法规的规定处罚。

第七十六条 邮政企业、快递企业违法提供用户使用邮政服务或者快递服务的信息，尚不构成犯罪的，由邮政管理部门责令改正，没收违法所得，并处一万元以上五万元以下的罚款；对邮政企业直接负责的主管人员和其他直接责任人员给予处分；对快递企业，邮政管理部门还可以责令停业整顿直至吊销其快递业务经营许可证。

邮政企业、快递企业从业人员有前款规定的违法行为，尚不构成犯罪的，由邮政管理部门责令改正，没收违法所得，并处五千元以上一万元以下的罚款。

第七十七条　邮政企业、快递企业拒绝、阻碍依法实施的监督检查，尚不构成犯罪的，依法给予治安管理处罚；对快递企业，邮政管理部门还可以责令停业整顿直至吊销其快递业务经营许可证。

第七十八条　邮政企业及其从业人员、快递企业及其从业人员在经营活动中有危害国家安全行为的，依法追究法律责任；对快递企业，并由邮政管理部门吊销其快递业务经营许可证。

第七十九条　冒用邮政企业名义或者邮政专用标志，或者伪造邮政专用品或者倒卖伪造的邮政专用品的，由邮政管理部门责令改正，没收伪造的邮政专用品以及违法所得，并处一万元以上五万元以下的罚款。

第八十条　有下列行为之一，尚不构成犯罪的，依法给予治安管理处罚：

（一）盗窃、损毁邮政设施或者影响邮政设施正常使用的；

（二）伪造邮资凭证或者倒卖伪造的邮资凭证的；

（三）扰乱邮政营业场所、快递企业营业场所正常秩序的；

（四）非法拦截、强登、扒乘运送邮件、快件的车辆的。

第八十一条　违反本法规定被吊销快递业务经营许可证的，自快递业务经营许可证被吊销之日起三年内，不得申请经营快递业务。

快递企业被吊销快递业务经营许可证的，应当依法向工商行政管理部门办理变更登记或者注销登记。

第八十二条　违反本法规定，构成犯罪的，依法追究刑事责任。

第八十三条　邮政管理部门工作人员在监督管理工作中滥用职权、玩忽职守、徇私舞弊，构成犯罪的，依法追究刑事责任；尚不构成犯罪的，依法给予处分。

第九章 附则

第八十四条 本法下列用语的含义：

邮政企业，是指中国邮政集团公司及其提供邮政服务的全资企业、控股企业。

寄递，是指将信件、包裹、印刷品等物品按照封装上的名址递送给特定个人或者单位的活动，包括收寄、分拣、运输、投递等环节。

快递，是指在承诺的时限内快速完成的寄递活动。

邮件，是指邮政企业寄递的信件、包裹、汇款通知、报刊和其他印刷品等。

快件，是指快递企业递送的信件、包裹、印刷品等。

信件，是指信函、明信片。信函是指以套封形式按照名址递送给特定个人或者单位的缄封的信息载体，不包括书籍、报纸、期刊等。

包裹，是指按照封装上的名址递送给特定个人或者单位的独立封装的物品，其重量不超过五十千克，任何一边的尺寸不超过一百五十厘米，长、宽、高合计不超过三百厘米。

平常邮件，是指邮政企业在收寄时不出具收据，投递时不要求收件人签收的邮件。

给据邮件，是指邮政企业在收寄时向寄件人出具收据，投递时由收件人签收的邮件。

邮政设施，是指用于提供邮政服务的邮政营业场所、邮件处理场所、邮筒（箱）、邮政报刊亭、信报箱等。

邮件处理场所，是指邮政企业专门用于邮件分拣、封发、储存、交换、转运、投递等活动的场所。

国际邮递物品，是指中华人民共和国境内的用户与其他国家或者地区的用户相互寄递的包裹和印刷品等。

邮政专用品，是指邮政日戳、邮资机、邮政业务单据、邮政夹钳、邮袋和其他邮件专用容器。

第八十五条　本法公布前按照国家有关规定，经国务院对外贸易主管部门批准或者备案，并向工商行政管理部门依法办理登记后经营国际快递业务的国际货物运输代理企业，凭批准或者备案文件以及营业执照，到国务院邮政管理部门领取快递业务经营许可证。国务院邮政管理部门应当将企业领取快递业务经营许可证的情况向其原办理登记的工商行政管理部门通报。

除前款规定的企业外，本法公布前依法向工商行政管理部门办理登记后经营快递业务的企业，不具备本法规定的经营快递业务的条件的，应当在国务院邮政管理部门规定的期限内达到本法规定的条件，逾期达不到本法规定的条件的，不得继续经营快递业务。

第八十六条　省、自治区、直辖市应当根据本地区的实际情况，制定支持邮政企业提供邮政普遍服务的具体办法。

第八十七条　本法自2009年10月1日起施行。

快递暂行条例

第一章 总 则

第一条 为促进快递业健康发展，保障快递安全，保护快递用户合法权益，加强对快递业的监督管理，根据《中华人民共和国邮政法》和其他有关法律，制定本条例。

第二条 在中华人民共和国境内从事快递业务经营、接受快递服务以及对快递业实施监督管理，适用本条例。

第三条 地方各级人民政府应当创造良好的快递业营商环境，支持经营快递业务的企业创新商业模式和服务方式，引导经营快递业务的企业加强服务质量管理、健全规章制度、完善安全保障措施，为用户提供迅速、准确、安全、方便的快递服务。

地方各级人民政府应当确保政府相关行为符合公平竞争要求和相关法律法规，维护快递业竞争秩序，不得出台违反公平竞争、可能造成地区封锁和行业垄断的政策措施。

第四条 任何单位或者个人不得利用信件、包裹、印刷品以及其他寄递物品（以下统称快件）从事危害国家安全、社会公共利益或者他人合法权益的活动。

除有关部门依照法律对快件进行检查外，任何单位或者个人不得非法检查他人快件。任何单位或者个人不得私自开拆、隐匿、毁弃、倒卖他人快件。

第五条 国务院邮政管理部门负责对全国快递业实施监督管理。国务院公安、国家安全、海关、工商行政管理等有关部门在各自职责范围内负责相关的快递监督管理工作。

省、自治区、直辖市邮政管理机构和按照国务院规定设立的省级以下邮政管理机构负责对本辖区的快递业实施监督管理。县级以上地方人民政府有关部门在各自职责范围内负责相关的快递监督管理工作。

第六条 国务院邮政管理部门和省、自治区、直辖市邮政管理机构以及省级以下邮政管理机构（以下统称邮政管理部门）应当与公安、国家安全、海关、工商行政管理等有关部门相互配合，建立健全快递安全监管机制，加强对快递业安全运行的监测预警，收集、共享与快递业安全运行有关的信息，依法处理影响快递业安全运行的事件。

第七条 依法成立的快递行业组织应当保护企业合法权益，加强行业自律，促进企业守法、诚信、安全经营，督促企业落实安全生产主体责任，引导企业不断提高快递服务质量和水平。

第八条 国家加强快递业诚信体系建设，建立健全快递业信用记录、信息公开、信用评价制度，依法实施联合惩戒措施，提高快递业信用水平。

第九条 国家鼓励经营快递业务的企业和寄件人使用可降解、可重复利用的环保包装材料，鼓励经营快递业务的企业采取措施回收快件包装材料，实现包装材料的减量化利用和再利用。

第二章 发展保障

第十条 国务院邮政管理部门应当制定快递业发展规划，促进快递业健康发展。

县级以上地方人民政府应当将快递业发展纳入本级国民经济和社会发展规划，在城乡规划和土地利用总体规划中统筹考虑快件大型集散、分拣等基础设施用地的需要。

县级以上地方人民政府建立健全促进快递业健康发展的政策措施，完善相关配套规定，依法保障经营快递业务的企业及其从业人员的合法权益。

第十一条　国家支持和鼓励经营快递业务的企业在农村、偏远地区发展快递服务网络，完善快递末端网点布局。

第十二条　国家鼓励和引导经营快递业务的企业采用先进技术，促进自动化分拣设备、机械化装卸设备、智能末端服务设施、快递电子运单以及快件信息化管理系统等的推广应用。

第十三条　县级以上地方人民政府公安、交通运输等部门和邮政管理部门应当加强协调配合，建立健全快递运输保障机制，依法保障快递服务车辆通行和临时停靠的权利，不得禁止快递服务车辆依法通行。

邮政管理部门会同县级以上地方人民政府公安等部门，依法规范快递服务车辆的管理和使用，对快递专用电动三轮车的行驶时速、装载质量等作出规定，并对快递服务车辆加强统一编号和标识管理。经营快递业务的企业应当对其从业人员加强道路交通安全培训。

快递从业人员应当遵守道路交通安全法律法规的规定，按照操作规范安全、文明驾驶车辆。快递从业人员因执行工作任务造成他人损害的，由快递从业人员所属的经营快递业务的企业依照民事侵权责任相关法律的规定承担侵权责任。

第十四条　企业事业单位、住宅小区管理单位应当根据实际情况，采取与经营快递业务的企业签订合同、设置快件收寄投递专门场所等方式，为开展快递服务提供必要的便利。鼓励多个经营快递业务的企业共享末端服务设施，为用户提供便捷的快递末端服务。

第十五条　国家鼓励快递业与制造业、农业、商贸业等行业建立协同发展机制，推动快递业与电子商务融合发展，加强信息沟通，共享设施和网络资源。

国家引导和推动快递业与铁路、公路、水路、民航等行业的标准对接，支持在大型车站、码头、机场等交通枢纽配套建设快件运输通道和接驳场所。

第十六条　国家鼓励经营快递业务的企业依法开展进出境快递业务，支持在重点口岸建设进出境快件处理中心、在境外依法开办快递服务机构并设置快件处理场所。

海关、邮政管理等部门应当建立协作机制，完善进出境快件管理，推动实现快件便捷通关。

第三章　经营主体

第十七条　经营快递业务，应当依法取得快递业务经营许可。邮政管理部门应当根据《中华人民共和国邮政法》第五十二条、第五十三条规定的条件和程序核定经营许可的业务范围和地域范围，向社会公布取得快递业务经营许可的企业名单，并及时更新。

第十八条　经营快递业务的企业及其分支机构可以根据业务需要开办快递末端网点，并应当自开办之日起20日内向所在地邮政管理部门备案。快递末端网点无需办理营业执照。

第十九条　两个以上经营快递业务的企业可以使用统一的商标、字号或者快递运单经营快递业务。

前款规定的经营快递业务的企业应当签订书面协议明确各自的权利义务，遵守共同的服务约定，在服务质量、安全保障、业务流程等方面实行统一管理，为用户提供统一的快件跟踪查询和投诉处理服务。

用户的合法权益因快件延误、丢失、损毁或者内件短少而受到损害的，用户可以要求该商标、字号或者快递运单所属企业赔偿，也可以要求实际提供快递服务的企业赔偿。

第二十条　经营快递业务的企业应当依法保护其从业人员的合法权益。

经营快递业务的企业应当对其从业人员加强职业操守、服务规范、作业规范、安全生产、车辆安全驾驶等方面的教育和培训。

第四章　快递服务

第二十一条　经营快递业务的企业在寄件人填写快递运单前，应当提醒其阅读快递服务合同条款、遵守禁止寄递和限制寄递物品的有关规定，告知相关保价规则和保险服务项目。

寄件人交寄贵重物品的，应当事先声明；经营快递业务的企业可以要求寄件人对贵重物品予以保价。

第二十二条　寄件人交寄快件，应当如实提供以下事项：

（一）寄件人姓名、地址、联系电话；

（二）收件人姓名（名称）、地址、联系电话；

（三）寄递物品的名称、性质、数量。

除信件和已签订安全协议用户交寄的快件外，经营快递业务的企业收寄快件，应当对寄件人身份进行查验，并登记身份信息，但不得在快递运单上记录除姓名（名称）、地址、联系电话以外的用户身份信息。寄件人拒绝提供身份信息或者提供身份信息不实的，经营快递业务的企业不得收寄。

第二十三条　国家鼓励经营快递业务的企业在节假日期间根据业务量变化实际情况，为用户提供正常的快递服务。

第二十四条　经营快递业务的企业应当规范操作，防止造成快件损毁。

法律法规对食品、药品等特定物品的运输有特殊规定的，寄件人、经营快递业务的企业应当遵守相关规定。

第二十五条　经营快递业务的企业应当将快件投递到约定的收件地址、收件人或者收件人指定的代收人，并告知收件人或者代收人当面验收。收件人或者代收人有权当面验收。

第二十六条　快件无法投递的，经营快递业务的企业应当退回寄件人或者根据寄件人的要求进行处理；属于进出境快件的，经营快递业务的企业应当依法办理海关和检验检疫手续。

快件无法投递又无法退回的，依照下列规定处理：

（一）属于信件，自确认无法退回之日起超过6个月无人认领的，由经营快递业务的企业在所在地邮政管理部门的监督下销毁；

（二）属于信件以外其他快件的，经营快递业务的企业应当登记，并按照国务院邮政管理部门的规定处理；

（三）属于进境快件的，交由海关依法处理。

第二十七条　快件延误、丢失、损毁或者内件短少的，对保价的快件，应当按照经营快递业务的企业与寄件人约定的保价规则确定赔偿责任；对未保价的快件，依照民事法律的有关规定确定赔偿责任。

国家鼓励保险公司开发快件损失赔偿责任险种，鼓励经营快递业务的企业投保。

第二十八条　经营快递业务的企业应当实行快件寄递全程信息化管理，公布联系方式，保证与用户的联络畅通，向用户提供业务咨询、快件查询等服务。用户对快递服务质量不满意的，可以向经营快递业务的企业投诉，经营快递业务的企业应当自接到投诉之日起7日内予以处理并告知用户。

第二十九条　经营快递业务的企业停止经营的，应当提前10日向社会公告，书面告知邮政管理部门，交回快递业务经营许可证，并依法妥善处理尚未投递的快件。

经营快递业务的企业或者其分支机构因不可抗力或者其他特殊原因暂停快递服务的，应当及时向邮政管理部门报告，向社会公告暂停服务的原因和期限，并依法妥善处理尚未投递的快件。

第五章　快递安全

第三十条　寄件人交寄快件和经营快递业务的企业收寄快件应当遵守《中华人民共和国邮政法》第二十四条关于禁止寄递或者限制寄递物品的规定。

禁止寄递物品的目录及管理办法，由国务院邮政管理部门会同国务院有关部门制定并公布。

第三十一条　经营快递业务的企业收寄快件，应当依照《中华人民共和国邮政法》的规定验视内件，并作出验视标识。寄件人拒绝验视的，经营快递业务的企业不得收寄。

经营快递业务的企业受寄件人委托，长期、批量提供快递服务的，应当与寄件人签订安全协议，明确双方的安全保障义务。

第三十二条　经营快递业务的企业可以自行或者委托第三方企业对快件进行安全检查，并对经过安全检查的快件作出安全检查标识。经营快递业务的企业委托第三方企业对快件进行安全检查的，不免除委托方对快件安全承担的责任。

经营快递业务的企业或者接受委托的第三方企业应当使用符合强制性国家标准的安全检查设备，并加强对安全检查人员的背景审查和技术培训；经营快递业务的企业或者接受委托的第三方企业对安全检查人员进行背景审查，公安机关等相关部门应当予以配合。

第三十三条　经营快递业务的企业发现寄件人交寄禁止寄递物品的，应当拒绝收寄；发现已经收寄的快件中有疑似禁止寄递物品的，应当立即停止分拣、运输、投递。对快件中依法应当没收、销毁或者可能涉及违法犯罪的物品，经营快递业务的企业应当立即向有关部门报告并配合调查处理；对其他禁止寄递物品以及限制寄递物品，经营快递业务的企业应当按照法律、行政法规或者国务院和国务院有关主管部门的规定处理。

第三十四条 经营快递业务的企业应当建立快递运单及电子数据管理制度，妥善保管用户信息等电子数据，定期销毁快递运单，采取有效技术手段保证用户信息安全。具体办法由国务院邮政管理部门会同国务院有关部门制定。

经营快递业务的企业及其从业人员不得出售、泄露或者非法提供快递服务过程中知悉的用户信息。发生或者可能发生用户信息泄露的，经营快递业务的企业应当立即采取补救措施，并向所在地邮政管理部门报告。

第三十五条 经营快递业务的企业应当依法建立健全安全生产责任制，确保快递服务安全。

经营快递业务的企业应当依法制定突发事件应急预案，定期开展突发事件应急演练；发生突发事件的，应当按照应急预案及时、妥善处理，并立即向所在地邮政管理部门报告。

第六章　监督检查

第三十六条 邮政管理部门应当加强对快递业的监督检查。监督检查应当以下列事项为重点：

（一）从事快递活动的企业是否依法取得快递业务经营许可；

（二）经营快递业务的企业的安全管理制度是否健全并有效实施；

（三）经营快递业务的企业是否妥善处理用户的投诉、保护用户合法权益。

第三十七条 邮政管理部门应当建立和完善以随机抽查为重点的日常监督检查制度，公布抽查事项目录，明确抽查的依据、频次、方式、内容和程序，随机抽取被检查企业，随机选派检查人员。抽查情况和查处结果应当及时向社会公布。

邮政管理部门应当充分利用计算机网络等先进技术手段，加强对快递业务活动的日常监督检查，提高快递业管理水平。

第三十八条　邮政管理部门依法履行职责，有权采取《中华人民共和国邮政法》第六十一条规定的监督检查措施。邮政管理部门实施现场检查，有权查阅经营快递业务的企业管理快递业务的电子数据。

国家安全机关、公安机关为维护国家安全和侦查犯罪活动的需要依法开展执法活动，经营快递业务的企业应当提供技术支持和协助。

《中华人民共和国邮政法》第十一条规定的处理场所，包括快件处理场地、设施、设备。

第三十九条　邮政管理部门应当向社会公布本部门的联系方式，方便公众举报违法行为。

邮政管理部门接到举报的，应当及时依法调查处理，并为举报人保密。对实名举报的，邮政管理部门应当将处理结果告知举报人。

第七章　法律责任

第四十条　未取得快递业务经营许可从事快递活动的，由邮政管理部门依照《中华人民共和国邮政法》的规定予以处罚。

经营快递业务的企业或者其分支机构有下列行为之一的，由邮政管理部门责令改正，可以处1万元以下的罚款；情节严重的，处1万元以上5万元以下的罚款，并可以责令停业整顿：

（一）开办快递末端网点未向所在地邮政管理部门备案；

（二）停止经营快递业务，未提前10日向社会公告，未书面告知邮政管理部门并交回快递业务经营许可证，或者未依法妥善处理尚未投递的快件；

（三）因不可抗力或者其他特殊原因暂停快递服务，未及时向邮政管理部门报告并向社会公告暂停服务的原因和期限，或者未依法妥善处理尚未投递的快件。

第四十一条 两个以上经营快递业务的企业使用统一的商标、字号或者快递运单经营快递业务，未遵守共同的服务约定，在服务质量、安全保障、业务流程等方面未实行统一管理，或者未向用户提供统一的快件跟踪查询和投诉处理服务的，由邮政管理部门责令改正，处1万元以上5万元以下的罚款；情节严重的，处5万元以上10万元以下的罚款，并可以责令停业整顿。

第四十二条 冒领、私自开拆、隐匿、毁弃、倒卖或者非法检查他人快件，尚不构成犯罪的，依法给予治安管理处罚。

经营快递业务的企业有前款规定行为，或者非法扣留快件的，由邮政管理部门责令改正，没收违法所得，并处5万元以上10万元以下的罚款；情节严重的，并处10万元以上20万元以下的罚款，并可以责令停业整顿直至吊销其快递业务经营许可证。

第四十三条 经营快递业务的企业有下列情形之一的，由邮政管理部门依照《中华人民共和国邮政法》、《中华人民共和国反恐怖主义法》的规定予以处罚：

（一）不建立或者不执行收寄验视制度；

（二）违反法律、行政法规以及国务院和国务院有关部门关于禁止寄递或者限制寄递物品的规定；

（三）收寄快件未查验寄件人身份并登记身份信息，或者发现寄件人提供身份信息不实仍予收寄；

（四）未按照规定对快件进行安全检查。

寄件人在快件中夹带禁止寄递的物品，尚不构成犯罪的，依法给予治安管理处罚。

第四十四条 经营快递业务的企业有下列行为之一的，由邮政管理部门责令改正，没收违法所得，并处1万元以上5万元以下的罚款；情节严重的，并处5万元以上10万元以下的罚款，并可以责令停业整顿直至吊销其快递业务经营许可证：

（一）未按照规定建立快递运单及电子数据管理制度；

（二）未定期销毁快递运单；

（三）出售、泄露或者非法提供快递服务过程中知悉的用户信息；

（四）发生或者可能发生用户信息泄露的情况，未立即采取补救措施，或者未向所在地邮政管理部门报告。

第四十五条　经营快递业务的企业及其从业人员在经营活动中有危害国家安全行为的，依法追究法律责任；对经营快递业务的企业，由邮政管理部门吊销其快递业务经营许可证。

第四十六条　邮政管理部门和其他有关部门的工作人员在监督管理工作中滥用职权、玩忽职守、徇私舞弊的，依法给予处分。

第四十七条　违反本条例规定，构成犯罪的，依法追究刑事责任；造成人身、财产或者其他损害的，依法承担赔偿责任。

第八章　附　则

第四十八条　本条例自2018年5月1日起施行。

快递业务经营许可管理办法

第一章 总 则

第一条 为了规范快递业务经营许可管理，促进快递业健康发展，根据《中华人民共和国邮政法》《中华人民共和国行政许可法》《快递暂行条例》等法律、行政法规，制定本办法。

第二条 快递业务经营许可的申请、审批以及相关监督管理，适用本办法。

第三条 国务院邮政管理部门和省、自治区、直辖市邮政管理机构以及按照国务院规定设立的省级以下邮政管理机构（以下统称邮政管理部门）负责快递业务经营许可管理工作。

第四条 快递业务经营许可管理遵循公开、公平、公正、便民、高效的原则。

邮政管理部门应当充分利用计算机网络、大数据等信息技术，提升快递业务经营许可管理服务效能。

第五条 经营快递业务，应当依法取得快递业务经营许可，并接受邮政管理部门及其他有关部门的监督管理；未经许可，任何单位和个人不得经营快递业务。

第二章 申请与受理

第六条 申请快递业务经营许可，应当符合《中华人民共和国邮政法》第五十二条的规定。

第七条 申请快递业务经营许可，应当具备下列服务能力：

（一）与申请经营的地域范围、业务范围相适应的服务网络和信件、包裹、印刷品、其他寄递物品（以下统称快件）的运递能力；

（二）能够提供寄递快件的业务咨询、电话查询和互联网信息查询服务；

（三）收寄、投递快件的，有与申请经营的地域范围、业务范围相适应的场地或者设施；

（四）通过互联网等信息网络经营快递业务的，有与申请经营的地域范围、业务范围相适应的信息处理能力，能够保存快递服务信息不少于3年；

（五）对快件进行分拣、封发、储存、交换、转运等处理的，有封闭的、面积适宜的处理场地，配置相应的设备，且符合邮政管理部门和国家安全机关依法履行职责的要求。

在省、自治区、直辖市范围内专门从事快件收寄、投递服务的，应当具备前款第一项至第四项的服务能力；还应当与所合作的经营快递业务的企业签订书面协议或者意向书。

第八条　申请快递业务经营许可，应当具备下列服务质量管理制度和业务操作规范：

（一）服务种类、服务时限、服务价格等服务承诺公示管理制度；

（二）投诉受理办法、赔偿办法等管理制度；

（三）业务查询、收寄、分拣、投递等操作规范。

第九条　申请快递业务经营许可，根据其申请经营的业务范围，应当具备下列安全保障制度和措施：

（一）从业人员安全、用户信息安全等保障制度；

（二）突发事件应急预案；

（三）收寄验视、实名收寄等制度；

（四）快件安全检查制度；

（五）配备符合国家规定的监控、安检等设备设施；

（六）配备统一的计算机管理系统，配置符合邮政管理部门规定的数据接口，能够提供快递服务有关数据；

（七）监测、记录计算机管理系统运行状态的技术措施；

（八）快递服务信息数据备份和加密措施。

第十条　申请经营国际快递业务的，还应当能够向有关部门提供寄递快件的报关数据，位于机场和进出口岸等属于海关监管的处理场地、设施、设备应当符合海关依法履行职责的要求。

第十一条　申请快递业务经营许可，应当向《中华人民共和国邮政法》第五十三条第一款规定的邮政管理部门提交下列材料：

（一）快递业务经营许可申请书；

（二）企业名称预先核准材料或者企业法人营业执照；

（三）符合本办法第七条至第十条规定条件的情况说明；

（四）法律、行政法规规定的其他材料。

快递业务经营许可申请可以通过邮政管理部门信息系统提出。

第十二条　邮政管理部门对申请人提出的快递业务经营许可申请，应当依照《中华人民共和国行政许可法》第三十二条的规定作出处理。

第三章　审查与决定

第十三条　邮政管理部门应当自受理快递业务经营许可申请之日起45个工作日内进行审查，作出批准或者不予批准的决定。予以批准的，颁发《快递业务经营许可证》并公告；不予批准的，书面通知申请人并说明理由。

邮政管理部门审查快递业务经营许可申请，应当考虑国家安全等因素，并征求有关部门的意见。

第十四条　在国务院邮政管理部门规定的区域内，对本办法第十条规定的报关数据和处理场地、设施、设备条件，申请人在提出快递业务经营许可申请时未实际具备，但是承诺在约定期限内能够达到的，受理申请的邮政管理部门可以认定申请人符合有关条件。约定期限自邮政管理部门作出行政许可决定之日起不超过6个月。

邮政管理部门应当对被许可人是否在约定期限内履行承诺进行检查。发现被许可人实际情况与承诺内容不符的，邮政管理部门应当撤销快递业务经营许可。

第十五条　国务院邮政管理部门和省、自治区、直辖市邮政管理机构可以依照《中华人民共和国行政许可法》第二十四条的规定，委托下级邮政管理部门实施快递业务经营许可有关工作。

第四章　许可管理

第十六条　《快递业务经营许可证》记载事项发生变化的，经营快递业务的企业应当向作出行政许可决定的邮政管理部门提出申请；邮政管理部门依法办理变更手续。

经营快递业务的企业提交的变更行政许可事项申请材料齐全、符合法定形式的，邮政管理部门应当依法受理，作出批准或者不予批准变更的决定；提交的变更行政许可事项申请材料不齐全或者不符合法定形式的，邮政管理部门应当一次性告知需要补正的全部内容。

第十七条　快递业务经营许可的有效期为5年。

经营快递业务的企业需要延续快递业务经营许可有效期的，应当在有效期届满30日前向作出行政许可决定的邮政管理部门提出申请；未在有效期届满30日前提出申请的，邮政管理部门可以不再受理。

第十八条　经营快递业务的企业应当按照《快递业务经营许可证》记载的业务范围、地域范围和有效期限开展快递业务经营活动。

第十九条　经营快递业务的企业应当在每年4月30日前向邮政管理部门提交快递业务经营许可年度报告。

第二十条　经营快递业务的企业在快递业务经营许可有效期内停止经营的，应当提前10日向社会公告，书面告知作出行政许可决定的邮政管理部门，交回《快递业务经营许可证》，并依法妥善处理未投递的快件。

第二十一条　经营快递业务的企业有下列情形之一的，邮政管理部门应当依法注销快递业务经营许可并公告：

（一）快递业务经营许可有效期届满未延续的；

（二）企业法人资格依法终止的；

（三）快递业务经营许可依法被撤销、撤回的，或者《快递业务经营许可证》依法被吊销的；

（四）法律、法规规定的其他情形。

第二十二条　经营快递业务的企业有下列情形之一的，邮政管理部门应当公告作废《快递业务经营许可证》：

（一）快递业务经营许可有效期内停止经营，主动交回《快递业务经营许可证》的；

（二）快递业务经营许可有效期内停止经营超过6个月，被邮政管理部门责令交回《快递业务经营许可证》，但拒不交回或者逾期未交回的；

（三）国务院邮政管理部门规定的其他情形。

第二十三条　经营快递业务的企业吸收其他企业法人进行合并的或者分立后仍然存续的，应当向作出快递业务经营许可决定的邮政管理部门备案。经营快递业务的企业设立分公司、营业部等非法人分支机构的，应当向分支机构所在地邮政管理部门备案，取得分支机构名录。分支机构的监控、安检设备设施应当符合邮政业安全生产设备配置有关要求。

经营快递业务的企业撤销分支机构或者其分支机构名录记载事项发生

变化的，应当向分支机构所在地邮政管理部门撤销、变更备案。

第二十四条　有下列情形之一的，由分支机构备案的邮政管理部门公告作废相关分支机构名录：

（一）经营快递业务的企业撤销分支机构或者依法变更分支机构的经营范围取消快递业务的；

（二）经营快递业务的企业设立分支机构向邮政管理部门备案时隐瞒真实情况、弄虚作假的；

（三）分支机构停止经营快递业务超过6个月的；

（四）分支机构被吊销营业执照或者被国家机关依法责令关闭、关停的；

（五）法律、行政法规和国务院邮政管理部门规定的其他情形。

第二十五条　经营快递业务的企业及其分支机构可以根据业务需要开办快递末端网点，并应当自开办之日起20日内向快递末端网点所在地邮政管理部门备案。经营快递业务的企业及其分支机构对其开办的快递末端网点承担服务质量责任和安全主体责任。

开办快递末端网点的企业、分支机构撤销快递末端网点或者快递末端网点的备案信息发生变化的，应当按照邮政管理部门的规定向原备案机关撤销、变更备案。

第二十六条　《快递业务经营许可证》应当按照国务院邮政管理部门规定的统一式样印制。

任何单位和个人不得伪造、涂改、冒用、租借、倒卖《快递业务经营许可证》以及邮政管理部门提供的备案文件。

第五章　监督检查

第二十七条　邮政管理部门依照《快递暂行条例》第三十六条和第

三十七条的规定进行监督检查。被检查企业应当配合监督检查，不得拒绝、阻碍。

第二十八条　邮政管理部门依照《快递暂行条例》第三十六条的规定，重点监督检查下列事项：

（一）经营快递业务的企业实际情况是否与《快递业务经营许可证》记载事项相符合；

（二）快递业务经营许可的变更、延续、注销以及年度报告等执行情况；

（三）分支机构和快递末端网点备案情况；

（四）法律、行政法规规定的其他内容。

第二十九条　任何单位和个人发现邮政管理部门的工作人员在实施快递业务经营许可以及相关监督管理过程中有违法行为，可以向邮政管理部门举报。

第六章　法律责任

第三十条　申请人申请快递业务经营许可时隐瞒真实情况、弄虚作假的，邮政管理部门不予受理或者不予批准，并给予警告，1年内不再受理其快递业务经营许可申请。

以欺骗、贿赂等不正当手段取得快递业务经营许可的，由邮政管理部门依法撤销行政许可，处1万元以上3万元以下的罚款；申请人在3年内不得再次申请经营快递业务。

经营快递业务的企业伪造、涂改、冒用、租借、倒卖《快递业务经营许可证》或者邮政管理部门提供的备案文件的，由邮政管理部门处1万元以上3万元以下的罚款。

第三十一条　快递企业设立分支机构、吸收其他企业法人进行合并或者分立后仍然存续，未向邮政管理部门备案的，依照《中华人民共和国邮政法》第七十三条的规定给予处罚。

除前款规定外，经营快递业务的企业未按照本办法规定办理分支机构备案、撤销、变更手续，或者未按照规定提交快递业务经营许可年度报告的，由邮政管理部门责令改正，可以处1万元以下的罚款。

经营快递业务的企业提交快递业务经营许可年度报告、备案材料时隐瞒真实情况、弄虚作假的，由邮政管理部门责令改正，可以处1万元以上3万元以下的罚款。

第三十二条　经营快递业务的企业或者其分支机构开办快递末端网点未向所在地邮政管理部门备案的，由邮政管理部门责令改正，依照《快递暂行条例》第四十条的规定给予处罚；未按照规定向邮政管理部门撤销、变更备案的，由邮政管理部门责令改正，可以处1万元以下的罚款。

第三十三条　被检查企业拒绝、阻碍邮政管理部门依法实施的监督检查的，依照有关法律、行政法规的规定予以处罚。

第三十四条　申请人以及其他单位和个人隐瞒有关情况、提供虚假材料的，邮政管理部门应当记入其快递业信用记录，并可以实施联合惩戒。

第三十五条　邮政管理部门工作人员在快递业务经营许可管理工作中滥用职权、玩忽职守、徇私舞弊的，依法给予处分。

第七章　附则

第三十六条　本办法自2019年1月1日起施行。交通运输部于2009年9月1日以交通运输部令2009年第12号公布，2013年4月12日以交通运输部令2013年第4号、2015年6月24日以交通运输部令2015年第15号修改的《快递业务经营许可管理办法》同时废止。

快递市场管理办法

第一章 总 则

第一条 为加强快递市场管理，维护国家安全和公共安全，保护用户合法权益，促进快递服务健康发展，依据《中华人民共和国邮政法》及有关法律、行政法规，制定本办法。

第二条 从事快递业务经营活动应当遵守本办法。

第三条 本办法所称快递，是指在承诺的时限内快速完成的寄递活动。寄递，是指将信件、包裹、印刷品等物品按照封装上的名址递送给特定个人或者单位的活动，包括收寄、分拣、运输、投递等环节。

第四条 经营快递业务的企业应当依法经营，诚实守信，公平竞争，为用户提供迅速、准确、安全、方便的快递服务。

第五条 公民的通信自由和通信秘密受法律保护。除因国家安全或者追查刑事犯罪的需要，由公安机关、国家安全机关或者检察机关依照法律规定的程序对通信进行检查外，任何组织或者个人不得以任何理由侵犯他人的通信自由和通信秘密。

第六条 国务院邮政管理部门负责对全国快递市场实施监督管理。

省、自治区、直辖市邮政管理机构负责对本行政区域的快递市场实施监督管理。

按照国务院规定设立的省级以下邮政管理机构负责对本辖区的快递市场实施监督管理。

第七条 国务院邮政管理部门和省、自治区、直辖市邮政管理机构以及省级以下邮政管理机构（以下统称邮政管理部门）对快递市场实施监督管理，应当遵循公开、公平、公正以及鼓励竞争、促进发展的原则，规范快递服务，满足经济社会发展的需要。

邮政管理部门应当加强快递市场安全监督管理，维护寄递安全与信息安全。

第八条　快递行业协会应当依照法律、行政法规及其章程规定，制定快递行业规范，加强行业自律，为企业提供信息、培训等方面的服务，促进快递行业的健康发展。

第二章　经营主体

第九条　国家对快递业务实行经营许可制度。经营快递业务，应当依照《中华人民共和国邮政法》的规定，向邮政管理部门提出申请，取得快递业务经营许可；未经许可，任何单位和个人不得经营快递业务。

第十条　邮政管理部门根据企业的服务能力审核经营许可的业务范围和地域范围，对符合规定条件的，发放快递业务经营许可证，并注明经营许可的业务范围和地域范围。

经营快递业务的企业应当在经营许可范围内依法从事快递业务经营活动，不得超越经营许可业务范围和地域范围。

第十一条　任何单位和个人不得伪造、涂改、冒用、租借、倒卖和非法转让快递业务经营许可证。

取得快递业务经营许可的企业不得以任何方式将快递业务委托给未取得快递业务经营许可的企业经营，不得以任何方式超越经营许可范围委托经营。

第十二条　取得快递业务经营许可的企业设立分公司、营业部等非法人分支机构，凭企业法人快递业务经营许可证（副本）及所附分支机构名录，到分支机构所在地工商行政管理部门办理注册登记。企业分支机构取得营业执照之日起二十日内到所在地邮政管理部门办理备案手续。

快递业务经营许可证（副本）载明的股权关系、注册资本、业务范围、地域范围发生变更的，或者增设、撤销分支机构的，应当报邮政管理部门办理变更手续，并持变更后的快递业务经营许可证办理工商变更登记。

第十三条　快递企业进行合并、分立的，应当在合并、分立协议签订之日起二十日内，向颁发快递业务经营许可证的邮政管理部门备案。

备案应当提交以下材料：

（一）快递业务经营许可证；

（二）合并、分立协议；

（三）上一年度快递业务经营许可年度报告书。

合并、分立后新设立的企业法人经营快递业务的，应当依法取得快递业务经营许可。合并、分立涉及外商投资企业的，应当遵守国家有关外商投资快递业务的相关规定。

第十四条　以加盟方式经营快递业务的，被加盟人与加盟人均应当取得快递业务经营许可，加盟不得超越被加盟人的经营许可范围。被加盟人与加盟人应当签订书面协议约定双方的权利义务，明确用户合法权益发生损害后的赔偿责任。参与加盟经营的企业，应当遵守共同的服务约定，使用统一的商标、商号、快递服务运单和收费标准，统一提供跟踪查询和用户投诉处理服务。

第十五条　经营快递业务的企业应当按照国务院邮政管理部门的规定，向颁发快递业务经营许可证的邮政管理部门提交年度报告书。

第三章　快递服务

第十六条　经营快递业务的企业应当按照快递服务标准，规范快递业务经营活动，保障服务质量，维护用户合法权益，并应当符合下列要求：

（一）填写快递运单前，企业应当提醒寄件人阅读快递运单的服务合同条款，并建议寄件人对贵重物品购买保价或者保险服务；

（二）企业分拣作业时，应当按照快件（邮件）的种类、时限分别处理、分区作业、规范操作，并及时录入处理信息，上传网络，不得野蛮分拣，严禁抛扔、踩踏或者以其他方式造成快件（邮件）损毁；

（三）企业应当在承诺的时限内完成快件（邮件）的投递；

（四）企业应当将快件（邮件）投递到约定的收件地址和收件人或者收件人指定的代收人。

第十七条　经营快递业务的企业投递快件（邮件），应当告知收件人当面验收。快件（邮件）外包装完好的，由收件人签字确认。投递的快件（邮件）注明为易碎品及外包装出现明显破损的，企业应当告知收件人先验收内件再签收。企业与寄件人另有约定的除外。

对于网络购物、代收货款以及与用户有特殊约定的其他快件（邮件），企业应当与寄件人在合同中明确投递验收的权利义务，并提供符合约定的验收服务，验收无异议后，由收件人签字确认。

第十八条　经营快递业务的企业应当在营业场所公示或者以其他方式向社会公布其服务种类、服务时限、服务价格、损失赔偿、投诉处理等服务承诺事项。服务承诺事项发生变更的，企业应当及时发布服务提示公告。

第十九条　经营快递业务的企业应当遵循公平原则，以书面合同确定企业与用户双方的权利和义务。

对免除或者限制企业责任及涉及快件（邮件）损失赔偿的条款，应当在快递运单上以醒目的方式列出，并予以特别说明。

第二十条　在快递服务过程中，快件（邮件）发生延误、丢失、损毁和内件不符的，经营快递业务的企业应当按照与用户的约定，依法予以赔偿。

企业与用户之间未对赔偿事项进行约定的，对于购买保价的快件（邮件），应当按照保价金额赔偿。对于未购买保价的快件（邮件），按照《中华人民共和国邮政法》、《中华人民共和国合同法》等相关法律规定赔偿。

第二十一条 经营快递业务的企业应当建立与用户沟通的渠道和制度，向用户提供业务咨询、查询等服务，并及时处理用户投诉。

经营快递业务的企业对邮政管理部门转办的用户申诉，应当及时妥善处理，并按照国务院邮政管理部门的规定给予答复。

第二十二条 经营快递业务的企业应当按照国家有关规定建立突发事件应急机制。发生重大服务阻断、暂停快递业务经营活动时，经营快递业务的企业应当按照有关规定在二十四小时内向邮政管理部门和其他有关部门报告，并向社会公告；以加盟方式开展快递业务经营的，被加盟人、加盟人应当分别向所在地邮政管理部门报告。

经营快递业务的企业在事故处理过程中，应当对所有与事故有关的资料进行记录和保存。相关资料和书面记录至少保存一年。

第二十三条 经营快递业务的企业应当妥善应对快递业务高峰期，做好业务量监测，加强服务网络统筹调度，及时向社会发布服务提示，认真处理用户投诉。

第二十四条 经营快递业务的企业对无法投递的快件（邮件），应当退回寄件人。

对无法投递又无法退回寄件人的快件（邮件），企业应当登记，并按照国务院邮政管理部门的规定和快递服务标准处理；其中无法投递又无法退回的进境国际快件（邮件），应当依照相关规定交由有关部门处理。

第二十五条 经营快递业务的企业在从事快递业务的同时，向用户提供代收货款服务的，应当建立有关安全管理制度，与寄件人的合同中应当对代收货款服务的权利义务进行约定。

提供代收货款服务，涉及金融管理规定的，应当接受相关部门的监督管理。

第二十六条　经营快递业务的企业应当按照国家关于快递业务员职业技能的规定，加强快递从业人员职业技能培训，组织符合条件的快递从业人员参加职业技能鉴定。

第二十七条　经营快递业务的企业不得实施下列行为：

（一）违反国家规定，收寄禁止寄递的物品，或者未按规定收寄限制寄递的物品；

（二）相互串通操纵市场价格，损害其他经营快递业务的企业或者用户的合法权益；

（三）冒用他人名称、商标标识和企业标识，扰乱市场经营秩序；

（四）违法扣留用户快件（邮件）；

（五）违法提供从事快递服务过程中知悉的用户信息；

（六）法律、法规禁止的其他行为。

第二十八条　快递从业人员不得实施下列行为：

（一）扣留、倒卖、盗窃快件（邮件）；

（二）违法提供从事快递服务过程中知悉的用户信息；

（三）法律、法规禁止的其他行为。

第四章　快递安全

第二十九条　任何组织和个人不得利用快递服务网络从事危害国家安全、社会公共利益或者他人合法权益的活动。下列物品禁止寄递：

（一）法律、行政法规禁止流通的物品；

（二）危害国家安全和社会政治稳定以及淫秽的出版物、宣传品、印刷品等；

（三）武器、弹药、麻醉药物、生化制品、传染性物品和爆炸性、易燃性、腐蚀性、放射性、毒性等危险物品；

（四）妨害公共卫生的物品；

（五）流通的各种货币；

（六）法律、行政法规和国家规定禁止寄递的其他物品。

第三十条　经营快递业务的企业应当遵守《中华人民共和国邮政法》、《邮政行业安全监督管理办法》等相关规定，建立并严格执行收寄验视制度，加强生产安全和应急管理。

第三十一条　经营快递业务的企业对不能确定安全性的可疑物品，应当要求用户出具相关部门的安全证明。用户不能出具安全证明的，不予收寄。

经营快递业务的企业收寄已出具安全证明的物品时，应当如实记录收寄物品的名称、规格、数量、重量、收寄时间、寄件人和收件人名址等内容。记录保存期限不少于一年。

第三十二条　经营快递业务的企业接受网络购物、电视购物和邮购等经营者委托提供快递服务的，应当遵守邮政管理部门的规定，与委托方签订安全保障协议，并向颁发快递业务经营许可证的邮政管理部门备案。

第三十三条　经营快递业务的企业设置快件（邮件）处理场所，应当事先征询邮政管理部门及有关部门意见，并按照国家有关规定预留相关工作场地，其设计和建设应当符合国家安全机关和海关依法履行职责的要求。

第五章　监督管理

第三十四条　国家鼓励和引导经营快递业务的企业采用先进技术，充分利用交通运输资源，促进规模化、品牌化、网络化经营。

第三十五条　邮政管理部门应当结合邮政行业安全监督管理的实际，指导和监督经营快递业务的企业落实安全责任制，依法对经营快递业务的企业实施安全监督检查，并依照相关规定对妨害或者可能妨害行业安全的经营快递业务的企业进行调查和处理。

邮政管理部门应当加强对突发事件的管理，督促经营快递业务的企业定期组织开展突发事件应急演练。

第三十六条　国务院邮政管理部门建立以公众满意度、时限准时率和用户申诉率为核心的快递服务质量评价体系，指导评定机构定期测试评估快递行业服务水平，评定服务质量等级，并向社会公告。

第三十七条　邮政管理部门应当依法及时处理用户对经营快递业务的企业提出的申诉，并自接到申诉之日起三十日内作出答复。

任何单位和个人有权向邮政管理部门举报违反本办法的行为。邮政管理部门接到举报后，应当依法及时处理。

第三十八条　邮政管理部门应当加强对经营快递业务的企业及其从业人员遵守本办法情况的监督检查。

邮政管理部门依法实施监督检查，可以采取下列措施：

（一）进入有关场所进行检查；

（二）查阅、复制有关文件、资料、凭证；

（三）约谈有关单位和人员；

（四）经邮政管理部门负责人批准，查封与违法活动有关的场所，扣押用于违法活动的运输工具以及相关物品，对信件以外的涉嫌夹带禁止寄递或者限制寄递物品的快件（邮件）开拆检查。

第三十九条　邮政管理部门工作人员应当严格按照法定程序进行监督检查。实施监督检查时，应当出示执法证件，并由两名或者两名以上工作人员共同进行。被检查单位及其有关人员应当予以配合，不得拒绝、阻碍，并对有关情况予以保密。

邮政管理部门工作人员对监督检查过程中知悉的被检查单位的技术秘密和业务秘密，应当保密。

第六章 法律责任

第四十条 经营快递业务的企业违反快递服务标准，严重损害用户利益，由邮政管理部门责令改正，处五千元以上三万元以下的罚款。

第四十一条 违反本办法第十条规定的，由邮政管理部门责令改正，处五千元以上三万元以下的罚款。

第四十二条 违反本办法第十一条第二款规定的，由邮政管理部门责令改正，处一万元以下的罚款；情节严重的，处一万元以上三万元以下的罚款。

第四十三条 违反本办法第十四条规定的，由邮政管理部门责令改正，处五千元以上三万元以下的罚款。

第四十四条 违反本办法第十六条第（二）项规定的，由邮政管理部门处一万元罚款；情节严重的，处一万元以上三万元以下的罚款。

第四十五条 违反本办法第十八条、第二十一条、第二十二条、第三十一条规定的，由邮政管理部门责令改正，处三千元以上三万元以下的罚款。

第四十六条 违反本办法第二十四条第二款规定，未按照国务院邮政管理部门规定处理无法投递又无法退回寄件人的快件的，由邮政管理部门对快递企业处三千元以上一万元以下的罚款；情节严重的，处一万元以上三万元以下的罚款。

第四十七条 违反本办法第二十七条第（一）项、第（五）项规定的，分别依照《中华人民共和国邮政法》第七十五条、第七十六条的规定予以处罚。

　　违反本办法第二十七条第（四）项规定的，由邮政管理部门责令改正，对快递企业处一万元以上三万元以下的罚款。

　　违反本办法第二十七条第（二）项、第（三）项规定的，由国家有关部门依法处理。

　　第四十八条　违反本办法第二十八条规定的，由邮政管理部门责令改正，依法没收违法所得，对直接责任人员处五千元以上一万元以下的罚款；构成犯罪的，依法追究刑事责任。

　　第四十九条　邮政管理部门工作人员违反本办法第三十七条第一款、第三十九条规定的，依法给予行政处分；构成犯罪的，依法追究刑事责任。

　　第五十条　拒绝、阻碍邮政管理部门及其工作人员依法履行监督检查职责的，依照《中华人民共和国邮政法》第七十七条的规定予以处罚。

　　第五十一条　公民、法人或者其他组织认为邮政管理部门的具体行政行为侵犯其合法权益的，可以依法向上一级邮政管理部门申请行政复议或者直接向人民法院起诉。

　　经营快递业务的企业逾期不履行邮政管理部门处罚决定的，由邮政管理部门依法申请人民法院强制执行。

　　第七章　附　则

　　第五十二条　本办法自2013年3月1日起施行。交通运输部2008年7月12日发布的《快递市场管理办法》（交通运输部令2008第4号）同时废止。

邮政业寄递安全监督管理办法

第一条　为加强邮政业寄递安全管理，维护邮政通信与信息安全，保障从业人员、用户人身和财产安全，促进邮政业持续健康发展，根据《中华人民共和国邮政法》《快递暂行条例》等法律、行政法规，制定本办法。

第二条　在中华人民共和国境内经营邮政业务、快递业务，接受邮政服务、快递服务以及对邮政业寄递安全实施监督管理，适用本办法。

第三条　国务院邮政管理部门和省、自治区、直辖市邮政管理机构以及按照国务院规定设立的省级以下邮政管理机构（以下统称邮政管理部门）负责邮政业寄递安全监督管理工作。

第四条　邮政管理部门应当与有关部门相互配合，健全安全保障机制，加强对邮政业寄递安全的监督管理。

第五条　邮政企业、快递企业应当遵守国家有关安全管理的规定，不得危害国家安全、社会公共利益或者他人合法权益。

第六条　使用统一的商标、字号或者快递运单经营快递业务的，商标、字号或者快递运单所属企业应当对使用其商标、字号或者快递运单的企业的安全保障实行统一管理，监督使用其商标、字号或者快递运单的企业执行邮政业安全管理制度。

第七条　用户交寄邮件、快件应当遵守国家关于禁止寄递或者限制寄递物品的规定，不得利用邮件、快件危害国家安全、社会公共利益或者他人合法权益。

第八条　任何单位或者个人不得冒领、私自开拆、隐匿、毁弃、倒卖或者非法检查、非法扣留他人邮件、快件，不得损毁邮政设施、快递设施或者影响设施的正常使用。

第九条　交寄、收寄邮件、快件，应当遵守实名收寄管理制度。

第十条　邮政企业、快递企业应当依法验视用户交寄的物品是否属于禁止寄递或者限制寄递的物品，核对物品的名称、性质、数量等是否与寄递详情单显示或者关联的信息一致；予以收寄的，应当按照国务院邮政管理部门的规定作出验视标识。

按照国家规定需要用户提供有关书面凭证的，邮政企业、快递企业应当要求用户提供凭证原件，核对无误后，方可收寄。

第十一条　邮政企业、快递企业在收寄过程中发现禁止寄递物品的，应当拒绝收寄；发现已经收寄的邮件、快件中有疑似禁止寄递物品的，应当立即停止分拣、运输、投递。对邮件、快件中依法应当没收、销毁或者可能涉及违法犯罪的物品，应当立即向有关部门报告，并配合调查处理；对其他禁止寄递物品、限制寄递物品或者一同查处的禁止寄递物品之外的物品，邮政企业、快递企业应当通知寄件人或者收件人，并依法妥善处理。

第十二条　邮政企业、快递企业应当按照国务院邮政管理部门的规定对邮件、快件进行安全检查，并对经过安全检查的邮件、快件作出安全检查标识。委托第三方企业对邮件、快件进行安全检查的，不免除邮政企业、快递企业对邮件、快件安全承担的责任。

邮政企业、快递企业或者接受委托的第三方企业应当使用符合强制性国家标准的安全检查设备，并加强对安全检查人员的背景审查和技术培训，确保其具备安全检查所必须的知识和技能。

第十三条　邮政企业委托其他单位代办邮政服务的，或者经营快递业务的企业及其分支机构与其他单位、个人合作开办末端网点的，应当对收寄、投递邮件、快件的人员进行岗位安全操作规程和安全操作技能的教育和培训。

第十四条　邮政企业、快递企业应当依法向从业人员提供符合相关国家标准或者行业标准的劳动防护用品，为从业人员参加工伤保险。

第十五条　邮政企业、快递企业向寄件人长期、批量提供寄递服务的，应当与寄件人签订安全协议，明确自身与签订安全协议的寄件人（以下简称协议用户）的安全保障义务。

邮政企业、快递企业发现用户生产、销售的产品属于禁止寄递物品的，不得将其作为协议用户提供寄递服务。

第十六条　邮政企业、快递企业和用户应当依照法律、行政法规的规定，防止邮件、快件过度包装，减少包装废弃物。

鼓励邮政企业、快递企业采取措施回收邮件、快件包装材料，实现包装材料的减量化利用和再利用。

第十七条　邮政企业、快递企业应当使用环保材料对邮件、快件进行包装。

第十八条　邮件、快件塑料包装袋、普通胶带中的铅、汞、镉、铬总量以及邮件、快件塑料包装袋中的苯类溶剂残留应当符合国家规定。

第十九条　协议用户提供邮件、快件封装用品和胶带的，邮政企业、快递企业应当向其书面告知，所提供的封装用品和胶带应当符合国家规定。

第二十条　邮政企业、快递企业不得使用有毒物质作为邮件、快件填充材料。

第二十一条　邮政企业、快递企业应当对其提供寄递服务的营业场所、处理场所，包括其开办的快递末端网点、设置的智能快件箱进行全天候视频监控。其中，营业场所、快递末端网点、智能快件箱的视频监控设备应当全面覆盖，处理场所的视频监控设备应当覆盖各出入口、主要生产作业区域。

邮政企业、快递企业保存监控资料的时间不得少于30日。其中，营业场所交寄、接收、验视、安检、提取区域以及智能快件箱放置区域的监控资料保存时间不得少于90日。

邮政企业、快递企业应当按照邮政管理部门的要求报送监控资料。

第二十二条　邮政企业、快递企业应当按照国家网络安全等级保护制度的要求，履行下列安全保护义务，保障其网络免受干扰、破坏或者未经授权的访问，防止网络数据泄露或者被窃取、篡改：

（一）制定内部安全管理制度和操作规程，确定网络安全负责人，落实网络安全保护责任；

（二）采取防范计算机病毒和网络攻击、网络侵入等危害网络安全行为的技术措施；

（三）采取监测、记录网络运行状态、网络安全事件的技术措施，并按照规定留存相关的网络日志不少于6个月；

（四）采取数据分类、重要数据备份和加密等措施；

（五）法律、行政法规规定的其他义务。

第二十三条　邮政企业、快递企业应当建立寄递详情单及电子数据管理制度，定期销毁已经使用过的寄递详情单，妥善保管用户信息等电子数据，采取有效手段保证用户信息安全。

第二十四条　未经法律明确授权或者用户书面同意，邮政企业、快递企业及其从业人员不得将用户身份信息以及用户使用邮政服务、快递服务的信息提供给任何单位或者个人。

发生或者可能发生用户信息泄露、丢失等情况时，邮政企业、快递企业应当立即采取补救措施，并向事件所在地邮政管理部门报告，配合有关部门进行调查处理。

第二十五条　邮政企业、快递企业应当按照邮政管理部门的规定预留安全监管数据接口，收集、分析与寄递安全有关的信息，确保数据真实、完整，并按时向邮政管理部门报送。

第二十六条　国务院邮政管理部门应当加强应急管理体系建设，制定国家邮政业突发事件应急预案，建立突发事件预防、监测、预警、信息报告、应急处置等工作机制。

省、自治区、直辖市邮政管理机构和省级以下邮政管理机构应当根据有关法律、法规、规章以及国家邮政业突发事件应急预案等，结合本地区的实际情况，制定突发事件应急预案。

邮政管理部门应当根据邮政业应急管理的实际需要和情势变化，适时评估、修订突发事件应急预案。

第二十七条　鼓励邮政企业、快递企业建立应急救援队伍，预防与处置突发事件。

第二十八条　发生自然灾害、事故灾难、公共卫生事件、社会安全事件等，邮政企业、快递企业应当根据法律、法规、规章以及国家邮政业突发事件应急预案，按照事件类型及分级，在规定时间内报告事件发生地省级以下邮政管理机构和负有相关职责的部门，同时对事件进行先行处置，控制事态发展。

第二十九条　事件发生地省级以下邮政管理机构接到突发事件报告后，依法启动应急预案，采取应急措施。

第三十条　邮政管理部门应当妥善处置邮政业突发事件，查明事件原因和责任，提出整改措施，并依法对有违法行为的责任人作出处理。涉及其他部门管理职权的，应当联合有关部门共同处理。

第三十一条　邮政管理部门应当加强邮政业安全运行的监测预警，建立安全信息管理体系，收集、分析与邮政业安全运行有关的信息，并依照法律、行政法规等规定，与有关部门共享与安全运行有关的信息。

第三十二条　邮政管理部门应当加强对邮政企业、快递企业建立健全和执行寄递安全制度、应急管理制度等情况以及安全生产行为的监督检查。建立和完善以随机抽查为重点的日常监督检查制度，建立随机抽查事项清单，公布抽查的安全事项目录，明确抽查的依据、频次、方式、内容和程序，随机抽取被检查企业，随机选派检查人员，建立检查对象名录库和执法检查人员名录库。抽查情况和查处结果依法向社会公布。

第三十三条　邮政管理部门可以依照《中华人民共和国行政处罚法》的规定，委托依法成立并符合法定条件的管理公共事务的事业组织实施邮政行政处罚相关工作。

邮政管理部门可以委托符合法定条件的专业技术组织检验、检测邮件快件的处理设施、处理设备、封装用品、填充材料等邮政业用品用具。

第三十四条　邮政安全监督检查人员应当将检查的时间、地点、内容、发现的问题及其处理情况作出书面记录，并由监督检查人员和被检查单位的负责人签字；被检查单位负责人拒绝签字的，监督检查人员应当将情况记录在案，并向邮政管理部门报告。

第三十五条　邮政企业、快递企业应当配合邮政管理部门的安全监督检查，不得拒绝、阻碍。

第三十六条　邮政管理部门应当记录邮政企业、快递企业违法失信行为信息，并纳入邮政业信用管理，依法实施联合惩戒措施。

邮政管理部门依法通报邮政企业、快递企业违反安全监管有关规定、发生安全事件以及对有关责任人员进行处理的情况。对违法行为情节严重的单位，应当依法向社会公告，并通报有关部门和机构。

第三十七条　邮政企业、快递企业违反本办法第十条第一款、第十二条第一款规定，未按照国务院邮政管理部门的规定作出收寄验视标识、安全检查标识的，由邮政管理部门责令限期改正；逾期未改正的，处5000元以下的罚款。

第三十八条 邮政企业、快递企业违反本办法第十八条、第二十条规定，使用塑料包装袋、普通胶带不符合国家规定，或者使用有毒物质作为邮件、快件填充材料的，由邮政管理部门责令限期改正；逾期未改正的，处5000元以上1万元以下的罚款。

第三十九条 邮政企业、快递企业违反本办法第十九条规定，未向协议用户书面告知对封装用品和胶带的要求的，由邮政管理部门责令限期改正，可以处5000元以下的罚款。

第四十条 邮政企业、快递企业违反本办法第二十一条第一款、第二款规定，未对其提供寄递服务的营业场所、处理场所、快递末端网点、设置的智能快件箱在规定的覆盖范围内进行全天候视频监控或者保存监控资料不符合规定期限的，由邮政管理部门责令限期改正；逾期未改正的，处1万元以下的罚款。

第四十一条 邮政企业、快递企业违反本办法第二十一条第三款、第二十五条规定，未按照要求报送资料、信息、数据的，由邮政管理部门责令限期改正；逾期未改正的，处3000元以下的罚款。

第四十二条 国家关于机要通信安全监督管理另有规定的，适用其规定。

第四十三条 本办法自2020年2月15日起施行。交通运输部于2011年1月4日以交通运输部令2011年第2号公布、2013年4月12日以交通运输部令2013年第6号修改的《邮政行业安全监督管理办法》同时废止。

后　记

　　历时一年有余，《快递与合规》一书终于完稿并交付出版。本书编撰过程并非一帆风顺，期间恰逢新型冠状病毒肆虐全球，调研、出版等各项事务受到了一定影响。但在疫情防控期间，我们也深切体会到了快递对日常生活的重要性，当大家足不出户时，是快递企业及时将各种防护物资、生活必需品及生鲜食品投递至千家万户，从而降低了疫情接触传播风险，感谢广大快递企业在疫情期间为物资供应、社会运转等方面提供的极大便利。

　　本书在编辑、出版过程中得到了监管部门、行业协会、专业院校、快递企业等多方面的殷切关注和大力支持，在此表示衷心的感谢！其中特别感谢浙江省邮政管理局、浙江省快递行业协会相关领导的指导与支持！感谢义乌邮政管理局相关领导对本书提出的宝贵建议！感谢浙江邮电职业技术学院相关老师在百忙之中对本书进行的精心指导！本书凝结了浙江金道律师事务所近 30 名专业律师的辛勤劳动，在此感谢各位律师的辛苦付出！

　　鉴于时间仓促，本书疏漏之处在所难免，欢迎社会各界多批评指正，多提宝贵意见。衷心希望在快递企业做优做强的道路上，我们可以用法律的力量为快递行业高质量发展略尽绵薄之力！

2020 年 6 月 22 日于杭州